一本书读懂元宇宙

蔡余杰 ◎ 著

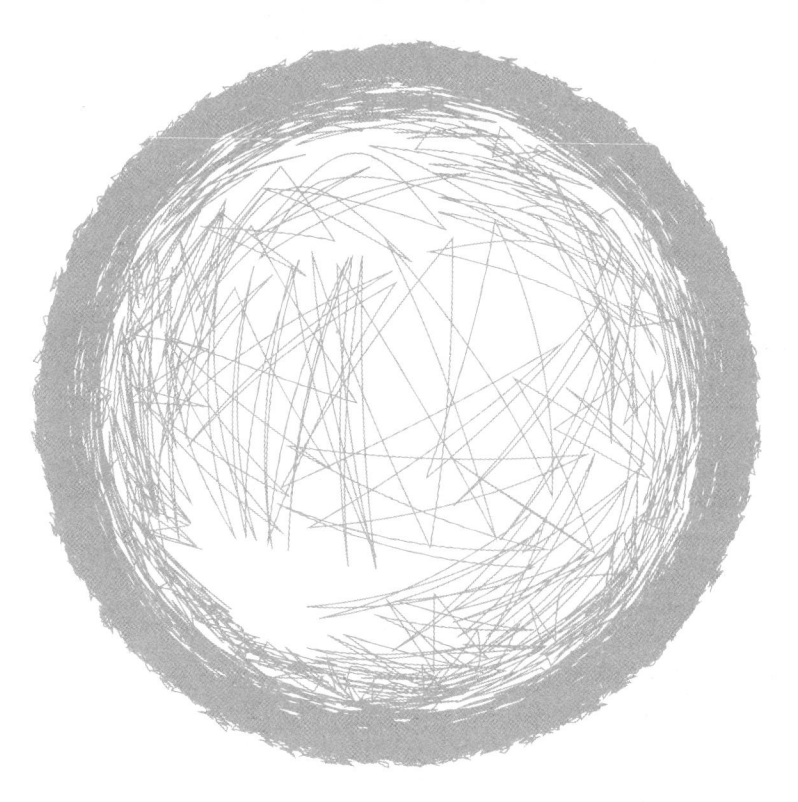

中国纺织出版社有限公司

内 容 提 要

本书以元宇宙的构想、元宇宙是全新的高度、元宇宙是下一个风口、元宇宙与数字化资产、元宇宙的大趋势、元宇宙的产业化、抢占元宇宙这个新大陆为题，全面细致地分析了元宇宙。从元宇宙的定义、元宇宙的基础技术，到元宇宙的应用、元宇宙带来的机遇，再到元宇宙未来发展的趋势，在本书中都有充分解读。读者无论是想要简单了解元宇宙，跟上时代的潮流，还是想要深入剖析元宇宙，抓住元宇宙时代的新机遇，或者想看一看科技巨头在元宇宙到来时的应对策略，本书都可以提供言之有物的参考。

图书在版编目（CIP）数据

一本书读懂元宇宙 / 蔡余杰著. --北京：中国纺织出版社有限公司，2023.1
ISBN 978-7-5229-0039-1

Ⅰ. ①一… Ⅱ. ①蔡… Ⅲ. ①信息经济—通俗读物 Ⅳ. ①F49-49

中国版本图书馆CIP数据核字（2022）第208710号

策划编辑：曹炳镝　于　泽　　责任编辑：史　岩
责任校对：高　涵　　　　　　责任印制：储志伟

中国纺织出版社有限公司出版发行
地址：北京市朝阳区百子湾东里 A407 号楼　邮政编码：100124
销售电话：010—67004422　传真：010—87155801
http://www.c-textilep.com
中国纺织出版社天猫旗舰店
官方微博 http://weibo.com/2119887771
天津千鹤文化传播有限公司印刷　各地新华书店经销
2023 年 1 月第 1 版第 1 次印刷
开本：710×1000　1/16　印张：11
字数：85 千字　定价：58.00 元

凡购本书，如有缺页、倒页、脱页，由本社图书营销中心调换

序

2021年是元宇宙元年，在这一年，元宇宙的概念火爆全网，几乎人人都听说过元宇宙这个名词，所有人都很好奇，元宇宙是个什么宇宙，为什么这么厉害？

元宇宙其实并不神秘，它不过是互联网深度发展的产物，是网络和现实生活充分结合、相互影响的结果。利用大数据、云计算、区块链、物联网等技术，在虚拟的网络当中建立一个和现实世界非常相似的虚拟世界，并使它和现实世界建立联系，从而影响现实世界，方便我们的日常工作和生活。这就是元宇宙的构想。

人类可以发明一种机器，可以设计一种产品，从而影响世界的发展。但是在元宇宙之前，我们没有想过自己真的可以创造整个世界，虽然它是虚拟的。当然，元宇宙的概念并不是全新的，古人就已经想过虚拟的世界，但我们都会觉得那是神话，是天方夜谭。直到现在，科技发展到我们真的可以把虚拟的世界创造出来，我们才发现，原来那不是神话，是可以实现的。

当元宇宙的概念被点燃时，人们重新认识了这个概念，并且开始相信，元宇宙在不久的将来就会走进我们的日常生活，元宇宙时代就快要来了。

当然，有一部分人能够接受元宇宙，认为元宇宙会给我们的生活带来好处，也有一部分人认为元宇宙并不一定有好处，还可能会使人沉迷其中。这并不奇怪，因为新事物的诞生总是伴随着质疑之声。元宇宙到底好不好还有待时间去检验，但只要我们能好好利用它，它就可以为我们带来无限可能。

对于如何给元宇宙定义，人们众说纷纭。不过，无论有没有给事物下一个定义，它都是存在的，是我们每个人都可以感受到的。元宇宙就像是移动互联网一样，会和我们的生活紧密结合起来，我们每个人都可以接触到它，每个人都可以对它有自己的评价和定义。无论这个定义是怎样的，我们都不能否认，元宇宙是开启未来的一把钥匙。

当互联网出现时，对它的质疑之声非常多，我们完全没有想到它会给我们的世界带来如此巨大的改变。参考互联网，我们就知道，元宇宙可能也是如此，它带给世界的改变，或许比互联网带给世界的改变还要巨大。

大众对于前沿的科技大多持观望态度，所以当元宇宙这个概念的热度逐渐退去，大众也就不会再继续关注它。然而，那些巨头公司，那些有心人，会看到元宇宙当中蕴含的巨大机遇，开始向元宇宙布局，向元宇宙迈进。

新事物出现意味着新机遇出现。现在世界上的巨头公司，大多数都是抓住了机遇后快速崛起的，特别是那些互联网公司，它们的崛起速度让人震惊，比如腾讯、阿里巴巴、今日头条等。元宇宙的出现让他们嗅到了新的机遇，纷纷行动起来。

元宇宙是巨头们的机遇，也是所有人的机遇。在当今时代，没有巨头会永远是巨头，也没有普通人会永远是普通人。错过了机遇，即便是国际顶级的大企业，也可能轰然倒塌；抓住了机遇，即便是名不见经传的小公司也可能迅速崛起，成为新的巨头。

我们既要认识元宇宙，怀着乐观、勇敢的心态去积极拥抱元宇宙，又要在此过程中时刻保持冷静。

元宇宙好像很神奇，其实它并没有想象中那样复杂，如果抓住了核心本质，你将很容易了解它。

本书以元宇宙的构想、元宇宙是全新的高度、元宇宙是下一个风口、元宇宙与数字化资产、元宇宙的大趋势、元宇宙的产业化、抢占元宇宙这个新大陆为题，全面细致地分析了元宇宙。从元宇宙的定义、元宇宙的基础技术，到元宇宙的应用、元宇宙带来的机遇，再到元宇宙未来发展的趋势，在本书中都有充分解读。

无论你是想要简单了解一下元宇宙，跟上时代的潮流，还是想要深入剖析元宇宙，抓住元宇宙时代的新机遇，或者你想看一看那些巨头在元宇宙到来时都有哪些反应，以作参考，你都可以看看本书。相信本书的内容不会让你感到失望。

元宇宙是未来发展的必然趋势，我们每个人都应该去了解元宇宙，学习一些元宇宙的相关知识，这样我们才能在未来发展得更好。

蔡余杰

2022 年 7 月

目录

第一章 元宇宙的构想

到底什么是元宇宙 / 2

元宇宙的三大技术 / 9

元宇宙的基础设施 / 14

在元宇宙中生活 / 18

元宇宙的未来猜想 / 24

第二章 元宇宙是全新的高度

在元宇宙中实现构想 / 30

现实与虚拟的高度结合 / 35

高端技术大整合 / 40

元宇宙是全新的世界 / 46

第三章 元宇宙是下一个风口

元宇宙的巨大价值 / 52

元宇宙的全新机遇 / 57

元宇宙改变各行各业 / 63

元宇宙会如何发展 / 67

第四章　元宇宙与数字化资产

元宇宙将财富充分数字化 / 74

区块链是有力保障 / 79

元宇宙将数字财富推上顶峰 / 82

元宇宙使数字化资产深入人心 / 87

第五章　元宇宙的大趋势

经济社会数字化转型 / 92

强大的经济社群 / 98

数字文化进一步发展 / 104

数字形象成为主要形象 / 110

第六章　元宇宙的产业化

如何将元宇宙概念变成产业 / 116

元宇宙时代的产业化发展格局 / 120

元宇宙的产业链分析 / 126

运营商是不容忽视的产业化力量 / 132

第七章 抢占元宇宙这个新大陆

我们是元宇宙的探索者 / 140

敢于行动才能抓住机遇 / 145

科技巨头正在积极布局元宇宙 / 151

元宇宙的职业机遇和创业机遇 / 156

参考文献

第一章

元宇宙的构想

元宇宙的概念近两年非常火爆,很多人都听说过它的大名,但它到底是什么意思,又是怎样的新技术呢?

到底什么是元宇宙

最近这两年，元宇宙的概念非常火爆，几乎人人都听过它，各行各业也都纷纷开始向元宇宙探索。

有人将2021年称作元宇宙元年，2021年，元宇宙确实是横空出世，声势巨大。

2021年初，"社交元宇宙"的概念由Soul提出。

2021年3月，罗布乐思在纽约证券交易所上市，被称为元宇宙第一股。

2021年5月，微软宣布打造一个"企业元宇宙"。

2021年8月，英伟达宣布推出为元宇宙建立提供基础的模拟和协作平台。

2021年10月,脸书宣布更名为"Meta",这个名字源于元宇宙（Metaverse）。

2021年11月,虚拟世界平台Decentraland公司宣布,加勒比群岛国家之一巴巴多斯将在元宇宙设立大使馆,暂定于2022年1月启用。

2021年12月,百度发布的国产元宇宙产品"希壤"正式开放定向内测。

有不少人相信,在不久的将来,元宇宙技术会变得非常强大,它会和我们的生活紧密相关,甚至会改变世界。

虽然我们经常听到元宇宙这个词,但元宇宙到底是什么,可能没有多少人能说出来。当一个新的概念产生时,就像网络上突然火爆的一个"梗",一下子火得全网随处可见,但很多人却不知道它到底是什么意思,是如何产生的。于是,我们不禁要问,到底什么是元宇宙?

北京大学陈刚教授、董浩宇博士这样定义元宇宙:元宇宙是利用科技手段进行链接与创造的与现实世界映射并交互的虚拟世界,具备新型社会体系的数字生活空间。

清华大学新闻学院沈阳教授这样定义元宇宙：元宇宙是整合多种新技术而产生的新型虚实相融的互联网应用和社会形态，它基于扩展现实技术提供沉浸式体验，基于数字孪生技术生成现实世界的镜像，通过区块链技术搭建经济体系，将虚拟世界与现实世界在经济系统、社交系统、身份系统上密切融合，并且允许每个用户进行内容生产和编辑。元宇宙仍是一个不断发展、演变的概念，不同参与者以自己的方式不断丰富着它的含义。

有学者认为，从时空性、真实性、独立性、连接性四个方面来对元宇宙进行交叉定义比较合理。从时空性来看，元宇宙是一个空间维度上虚拟而时间维度上真实的数字世界；从真实性来看，元宇宙中既有现实世界的数字化复制物，也有虚拟世界的创造物；从独立性来看，元宇宙是一个与外部真实世界既紧密相连又高度独立的平行空间；从连接性来看，元宇宙是一个把网络、硬件终端和用户囊括进来的一个永续的、广覆盖的虚拟现实系统。

这样解释可能不太好理解，我们将它换成通俗一点的话来讲。元宇宙就像一些科幻电影当中展现的那样，人们穿上特定的带有电子传感器的衣服，在头上戴一个电子头盔，然后进入虚拟世界。在这个虚拟空间中，人们能够真切地感受到虚拟空间中产生的各种触感，并产生身临其境的感觉。如果进入的虚拟空间是游戏的世界，那么就相当于自己钻到了游戏的世界中，成为游戏世界里的人物，畅游游戏世界。现在人们玩游戏是在屏幕外操控游戏中的人物，而在元宇宙技术下，玩游戏就是每个人"披挂上阵"去扮演游戏中的角色。

用更简单一点的话来说，元宇宙就相当于现在我们玩的虚拟现实（Virtual Reality，VR）游戏。但是它比VR游戏的感觉更加真实，除了眼睛可以看到，身体也能充分感受到。通过大数据、云计算、5G传输等各种先进的技术，元宇宙能够创造出一个与真实世界差不多的虚拟世界。在这个虚拟世界中，人们可以做很多在现实世界中无法做到的事，体验到很多在现实世界中无法感受到的感觉。

元宇宙为什么叫元宇宙，而不叫虚拟世界呢？可能是为了表示虚拟世界像宇宙那么大吧。大部分人认为，元宇宙的思想是在1981年美国数学家和计算机专家弗诺·文奇出版的小说《真名实姓》中第一次出现。在这部小说中，作者写了一个通过脑机接口进入虚拟世界并有真实感官体验的情节。而元宇宙这个词的出现，是在1992年的一部科幻小说《雪崩》中。在这部小说中，人们可以控制数字化身在庞大的虚拟世界中竞争。那个庞大的虚拟世界，正是元宇宙。

有人认为，人类并没有发明任何东西，现在的一切科学都不过是发现——人们发现了一些自然规律并去运用它。元宇宙看似是一个新的概念，实际上并没有多么新鲜。

在中国的神话故事中，就有和元宇宙类似的内容，不过相比元宇宙显得更加先进，它可以直接让人进入另一个宇宙世界。比如，在小说《封神演义》中有一幅山河社稷图，进入这幅图画中，就像进入一个新的世界，再也出不来了。

有人认为，元宇宙其实并不是新概念，它是将扩展现实、区块链、云计算、数字孪生等新技术应用之后，使一个旧的概念得以实现。元宇宙是互联网的下一个阶段，是由增强现实（Augmented Reality，AR）、VR、3D等技术构建的虚拟现实，是一个平行于真实世界的虚拟空间。

早在1990年，钱学森就开始了解虚拟现实技术。当时他将虚拟现实技术翻译为"灵境"，他很喜欢这个名字，因为这个名字的中国味很浓厚。钱学森认为，可以将虚拟现实技术应用到人机结合和人脑开发领域。这实际上就是元宇宙。钱学森曾在写给信息领域专家汪成为的信中说:"我对灵境技术及多媒体的兴趣在于它能大大拓展人脑的知觉,使人进入前所未有的新天地。新的历史时代要开始了!"1997年,汪成为的著作《灵境(虚拟现实)技术的理论、实现及应用》出版,对虚拟现实技术的很多内容进行了全面介绍。

很多看似新鲜的事物,都只是旧事物进化的产物。或是将两种事物合并成一种事物,或是旧事物使用新的科技手段,让它更加先进,仅此而已。概念并没有多少变化,只是进行了合并,或改变了承载它的基础科技。比如,智能手机其实就是将手机和电脑结合在一起,让手机变成一个可以打电话的电脑,然后承载它的一些硬件、信息传递技术等进行更新。手机本身并不是多么新的概念,却能够将我们带入移动互联网的时代,给世界带来天翻地覆的变化。

由此我们可以看出,科技进步的一小步,通过"蝴蝶效应"放大到全世界之后,对于世界的影响可能是天翻地覆的。

元宇宙的概念其实和智能手机差不多,当它第一次出现时,仿佛是前所未有的新事物,其实它只是一个小小的变革。我们可以将元宇宙理解成一个更新了科技手段的移动互联网。在科技的限制下,我们只能用手输入字符或者用语音输入信息来实现和电脑的互动,达到联网的目的。但随着科技的进步，我们仅凭自己的想法便可以实现和电脑的互动，我们可以像做梦时一样，直接进入互联网世界，而这个"梦境"中的一切和真实世界几乎一致，甚至连各种感觉都能体验到。

试想一下，假如科技进一步发展，量子力学领域能够获得突破。说不定我们每个人的大脑都可以不通过任何设备，直接接入一个"云电脑"，实现信息共享和互动。如果真能实现，或许可以叫作"脑云"。这听起来像是天方夜谭，但实现并非没有可能。而这其实也不是什么新的概念，只不过是元宇宙的升级版本而已。

科技方面一个小小的变革、一个小小的进步，有可能给世界带来天翻地覆的巨大变化。人类的科技进步速度并没有多快，但即便如此，世界的改变也已经相当迅速了。

1946年，世界上第一台电子计算机诞生，随着计算机技术不断发展，个人计算机被制造出来，随后人类逐渐进入互联网时代，直至互联网技术成熟，这个过程经过了近50年。2000年，移动互联网开始萌芽，随着智能手机技术越来越先进；到2012年时，移动互联网迎来了高速发展的时期；到2014年，移动互联网技术迎来了全面发展的时期，直至今天。从2000年到2014年，移动互联网只用了14年的时间就成熟起来。

与互联网的50年发展相比，移动互联网发展的时间缩短了太多。我们似乎也可以大胆预测，元宇宙从发展到成熟所用的时间可能也不会太久。毕竟现在大数据、云计算、5G技术、区块链技术等都在飞速发展，这将为元宇宙的发展提供有力的技术保障。

元宇宙的三大技术

人类的想象力是无限的，而人类的科学技术却是有限的。因此，很多概念虽然不是新的，但用到的技术却是新的，元宇宙也是如此。

当人类的技术达到一定的阶段时，以前的"科幻"和"想象"就会变成现实，以前的"不可能"会变成可能。元宇宙的概念并不新鲜，但由于科学技术的限制，在以前是无法实现的。现在，各种新技术的发展和应用，让元宇宙变得可以实现，可以走进我们的日常生活。

元宇宙的三大技术分别是区块链技术、VR技术和网络算力。

（1）区块链技术

什么是区块链？从科技层面来看，区块链涉及数学、密码学、互联网和计算机编程等很多科学技术问题。从应用视角来看，区块链是一个分布式的共享账本和数据库，具有去中心化、不可篡改、全程留痕、可以追溯、集体维护、公开透明等特点。这些特点让区块链变得非常可靠，也使区块链能取得人们的信任。

用一句话总结，区块链技术就是建立起一个共享的巨大数据库，使存储在当中的数据或信息具有"不可伪造""全程留痕""可以追溯""公开透明""集体维护"等特征。也就是说，区块链技术让信息变得可靠了。

2019年，国家互联网信息办公室发布了《区块链信息服务管理规定》，把区块链作为核心技术自主创新的重要突破口，我国对区块链技术的研究和应用变得更加重视，加快推动区块链技术和产业创新发展。

区块链技术的发展对提高互联网的可靠性和信任度有极大的作

用，也成为元宇宙的主要技术之一。如果没有区块链技术，互联网将没有信用可言，元宇宙也没有信用可言，人们就不会对元宇宙放心。有了区块链技术，元宇宙的一切就有了信任的基础，元宇宙的发展会更加顺畅。

（2）VR技术

VR技术就是虚拟现实技术，它是20世纪发展起来的一项全新技术。虚拟现实技术是利用现实生活中的数据，通过计算机技术产生的电子信号，将其与各种输出设备结合，使其转化为能够让人们感受到的现象，这些现象可以是现实中实际存在的物体，也可以是现实世界中没有的东西，通过三维模型表现出来。因为这些现象是通过计算机技术模拟出来的现实中的世界，所以叫虚拟现实。

平时我们看到的手机屏幕中或者电脑屏幕中的画面都是一幅画，不是立体的。使用虚拟现实技术，我们就仿佛走进了画面里，那些画面都变成了立体的，格外真实。元宇宙可以说是在虚拟现实基础上进一步发展出来的产物，或者说，其实它就是虚拟现实，只不过它比我们现在看到的虚拟现实技术更加先进而已。

现在我们已经能够使用虚拟现实技术去玩一些简单的游戏，如赛车等。当元宇宙技术成熟时，我们不仅能玩简单的游戏，还能玩复杂的大型游戏。除了玩游戏，我们还可能在元宇宙中做一些现实生活中的事情，就像遥控机器人做事一样，通过虚拟现实的技术，来操控现实当中的机器。

VR 技术的发展让我们能看到元宇宙的雏形，也能引起人们对元宇宙的强烈兴趣。它的发展对元宇宙的发展极为重要，是元宇宙和人们连接的一个"窗口"。

（3）网络算力

大数据是基础，但如果只有数据而没有算力，那就像操控一台存有很多数据、运行速度却非常慢的老旧的电脑一样，可能会卡到让人"抓狂"。网络算力是保证元宇宙能够正常运作的重要技术，当它变得非常强大时，元宇宙才能够正常运转，也才能够变得越来越大，越来越像一个真实的世界。

信息传输的能力及信息计算的能力，对网络算力都有很大的影响。5G 技术的发展对信息传输能力有很大的帮助，但目前的 5G 技术仍在铺展阶段，离全面应用还有一段距离。当 6G 技术应用时，可想而知，我们的信息传输能力将会又有一个巨大的飞跃。

云计算是分布式计算的一种，指的是通过网络"云"将巨大的数据计算处理程序分解成无数个小程序，然后，通过多部服务器组成的系统进行处理并分析这些小程序,得到结果并返回给用户。大数据、云计算技术的进步,让网络算力飞速发展。各大企业纷纷在云端布局,无论是云端的储存,还是云端的算力,都会因此得到发展。

在元宇宙当中,会有几亿甚至几十亿的用户,同时在线的人数可能非常多,这就对网络算力提出了非常高的要求。如果网络算力不过关,几十亿人同时卡在网络当中,而这个网络世界又和现实世界互相关联,那么可能会产生一些意想不到的后果。现在我们玩游戏时,几千万人同时在线,或者超过一亿人同时在线,就会给服务器带来巨大压力,而元宇宙如果和我们的日常生活息息相关,那同时在线的人数可能会一直保持在几十亿,这需要一个十分强大的网络算力。

5G技术、6G技术、云计算等的发展,为元宇宙提供了基础技术,也是元宇宙能够顺畅运行的关键。

元宇宙的基础设施

互联网的基础设施是计算机、光纤和信息传输协议及软件；移动互联网的基础设施是智能手机、卫星、信号塔和无线应用协议及软件。那么，元宇宙的基础设施是什么呢？

元宇宙的基础设施可能比互联网和移动互联网的基础设施要复杂很多，因为它要创造出来的是一个和现实世界差不多的虚拟世界，所以现实世界里有的，在它里面都要有。

元宇宙需要高度逼真的虚拟现实技术，自然离不开一套可以穿戴的设备。通过这套设备，人们可以让自己的精神进入元宇宙的世界，同时也可以产生身体上的各种感知，如同在真实的世界当中一样。不过，这也会带来一个问题，就是这套穿戴设备会直接影响我们的感知。如果这套设备很先进，给人带来的感觉很细腻、很真实，我们的体验就会很好；如果这套设备不先进，给人带来的感觉粗糙且不真实，我们的体验就会比较差。

当然，还有不容忽视的安全问题。当我们在虚拟世界中寻求真实的触感，我们可以感受到更多的真实感，但同时也可能会面临危险，比如你在虚拟世界中从高空跌落，你穿戴的设备是会给你制造巨大的撞击感，还是只会轻轻"给你一下"，来一个小小的按摩？如果追求真实的触感，穿戴设备产生的刺激太大，有可能会带来危险。因此，穿戴设备带给人的感受应该有安全级别的限制。同时还要解决一个问题，就是你的设备不能被黑客入侵，这个安全级别的限制也不能通过修改电子数据来改变，以确保安全。

就像手机和电脑会因为质量不同而价位有所不同一样，穿戴设备可能也会有各种各样的价位。价格最便宜的，应该是像现在的VR设备一样，只给人一些简单的沉浸式体验，并不能带来太多逼真的感觉，而价格贵的设备能带给人更佳的真实感。不过，这倒不是什么大问题，这些基础设备价格的高低都不影响用户在元宇宙中的基本操作。

在互联网当中有信息传输的协议，在移动互联网中也有相关的协议，在元宇宙中，当然也应该有一套信息传输的协议和标准。元宇宙的体量巨大，用户数量众多，对信息传输的数量和速度也都有非常高的要求。协议和标准应该能够保证元宇宙的正常运行和发展，支持元宇宙的创建、操作和改进，支持逼真的画面和人工智能技术等。

在互联网和移动互联网中，平台是比较容易建设的，所以平台或许不必算是基础设施当中的一环。而在元宇宙中，要创建一个和现实世界一样的虚拟世界并不容易。平台要花费很大的精力，才能创建出一个真实感十足的虚拟世界，然后还要一直去维护和改进这个世界，就像通信公司要维护基站一样，十分不容易。因此，平台也可以算是元宇宙的基础设施之一。

当元宇宙蓬勃发展时，应该会有很多平台展开竞争。在激烈的竞争中，元宇宙的平台越来越多，也越来越好。现在已经有很多巨头公司开始在元宇宙领域发展，将来会有更多的竞争者参与进来，可能会遍地开花。无论大公司还是小公司都来进行元宇宙方面的发展，最终使整个元宇宙世界变得更加完善、更加真实也更加有趣。

既然是和现实世界极为相似的一个世界，除了普通的游戏、工作，应该还会有各种服务行业。服务行业要怎样通过元宇宙来给用户提供服务，这又是一个值得思考的问题，同时也可能需要铺设一些基础设施。比如，有些未来的科幻场景中，快递包裹用无人机直接投递。这可能就需要先构建出现实中无人机的服务系统，提高现实中无人机的技术，然后和元宇宙中的虚拟世界联通，实现元宇宙中的服务和现实当中的服务联通。还有就是一些有人参与的服务行业，要想在元宇宙中和现实世界中享受同等的服务，可能需要一些更先进的基础设施来支撑。

元宇宙的网络或许是用光纤铺设的，或许直接用5G或6G技术进行无线传输，也或许是光纤和无线传输相结合。但无论如何，这个网络传输的基础设施是必要的。铺设网络或者建设基站，都是要投入时间和金钱的。而如果全部用卫星通信，则要形成覆盖全球的卫星通信网络。

将元宇宙和现实世界完美联系起来，还需要一项基础设施——物联网。我们要将万物互联，然后再和元宇宙连接到一起。

当然，我们现在对元宇宙当中基础设施的构想只是一种预想。当元宇宙真正和我们的生活结合起来，我们可能需要更多、更细致、更全面的基础设施。毕竟，想要让虚拟现实和现实世界非常相似，我们还有很长的路要走。不过，在这条路上，除了艰辛，还是充满乐趣的。毕竟一项技术从发展到成熟的过程总是缓慢的，充满未知，同时带给人无限的遐想和期待。

在元宇宙中生活

当元宇宙和我们的生活真正结合起来，成为我们生活中的一部分时，我们会有怎样的生活状态呢？正如移动互联网使我们的生活变得越来越数字化一样，元宇宙应该是进一步使我们数字化，甚至我们可能会在元宇宙中生活。

在元宇宙中生活，当然不是24小时都在元宇宙当中，毕竟我们的身体需要营养，我们也需要运动来保持身体健康。不过，我们可能会有大部分的时间都在元宇宙中，很多事情都在元宇宙中去做，比如工作、学习、娱乐等。

现在移动互联网和我们的生活紧密结合，我们每天有很大一部分时间会接触移动互联网。在碎片化的时间里，我们可能会

第一章 元宇宙的构想

看一个短视频；在闲暇的时候，我们可能会玩一会儿网络游戏放松一下；在需要查询资料时，我们可能会在网上搜索；在某些客观因素导致出行不便时，我们可能会通过网络居家办公；在购物需要付款或生活缴费时，我们可能会使用网络支付方式；在需要出行时，我们可以网络购票；在需要购物时，我们也可以网购。

元宇宙是移动互联网的升级版本，它和我们的生活会结合得更加紧密。移动互联网对各种实体事物产生了巨大冲击，元宇宙带来的冲击会更加巨大。以前我们的工作一般都要在现实中进行，元宇宙和物联网可能会改变这一现状，让我们变得越来越多地进入虚拟世界，在元宇宙中工作。就像高科技的战争可以通过操控无人机和机器人实现一样，元宇宙中的工作也不必人们亲自"上阵"，可以通过在元宇宙中操控机器来实现。我们不必去现场工作，在元宇宙中足不出户就可以把工作做好。

早晨，闹钟将你从睡梦中叫醒。洗漱完毕，在跑步机上晨跑。这时，你昨天晚上预定好的早餐已经被送餐机器人送到你门外的快递柜里。你运动完毕，休息一会儿，出门取来早餐开始吃饭。在你吃饭的时候，又有一些你网购的生活用品陆续被快递机器人送来，你取到快递，看一眼时间，已经快到工作的时间点了。你一点也不着急，因为你不需要去公司上班。

你来到家中的元宇宙连接设备上，穿上带有传感器的衣服，戴上头盔，启动设备，进入元宇宙。根据你设置的坐标，传送门光芒一闪，你瞬间被传送到自己的工作场所。于是，你开始了新一天的工作。

在元宇宙中工作了一上午，你的肚子开始咕咕叫了。午餐时间到了，你停止工作，点了一份外卖。一会儿工夫，外卖机器人就把餐送到了你家门外。你结束工作，从元宇宙中退出，取下身上的设备。到门外取来午餐，回到家中吃饭。

吃完午餐，门外的阳光很好，你出门溜达一圈，顺便晒晒太阳。大街上车辆川流不息，主要是机器人车辆，基本上没有人驾驶。偶尔你会碰到和你一样出来散步的人，包括一些并不习惯使用元宇宙的人在街上遛弯。

溜达一圈之后，你回到家里，看看离上班还有一段时间，你定好闹钟，休息一段时间。午睡醒来，你重新穿上穿戴设备，进入元宇宙中，开始下午的工作。

傍晚时分，你工作结束。这次你没有立即从元宇宙中退出来，而是继续留在元宇宙当中，玩了一会儿游戏。在游戏当中，你穿越到一个魔法的世界，操控魔法战士，在异兽横行的世界中纵横驰骋。你还和游戏中的朋友组队打怪升级，去抢夺游戏中的宝物。有时候，一件难得的宝物还可以卖钱，得到一笔不菲的收入，算是你工作之外的收入。

玩了一会儿游戏，你从元宇宙中出来。晚饭你想要自己做。于是，你取出自己的智能做饭工具，根据元宇宙中的美食教学，做出了一道以前不会做的菜。品尝了自己的手艺，你觉得很有成就感。

吃完晚饭，你不想出去，又穿戴好设备进入元宇宙中。你发现朋友也在其中，于是你和他一起组队去踢足球。在元宇宙中，足球场非常真实，即使凑不够人数也没关系，可以加上机器人。你和朋友，加上机器人，在元宇宙中踢了一场非常尽兴的足球赛。观众席上围满了观赛的人，虽然大部分都是机器人，但这种人山人海的感觉也让你非常兴奋。

踢完足球，你告别了朋友，从元宇宙中出来，洗了一个澡，点好明天的早餐，定好闹钟，然后睡觉。

第二天清晨，你被闹钟叫醒，新的一天又开始了。

这就是在元宇宙中生活的一天，可能真实的情况会和这种构想不同，但这样应该是一种比较健康的生活模式。如果像患上网瘾，沉浸在互联网世界中那样，沉浸在元宇宙世界中，对身体健康是不利的，也是不健康的元宇宙生活模式。

在电影《头号玩家》中，人们因为现实世界的不如意而沉迷于虚拟的世界中，这是不健康的，也是我们应该避免出现的情况。元宇宙应该是一个改善我们生活的工具，而不应该成为一个令我们沉迷的乌托邦。

对于元宇宙究竟是好还是坏，一直都存在争议，正如互联网到底是好是坏，我们一开始也并不知道一样。有人认为元宇宙会给我们的生活带来好处，也有人认为元宇宙会将人类引入歧途。

科幻小说《三体》是一部非常优秀的科幻小说，其作者刘慈欣也是一位很理性的作家，他的想法逻辑性很强，他本人也有很独到的见解。刘慈欣认为，元宇宙对我们人类社会来讲并不一定是好事。他曾表示："人类的未来，要么是走向星际文明，要么就是常年沉迷在VR的虚拟世界中。如果人类在走向太空文明以前就实现了高度逼真的VR世界，这将是一场灾难。"他认为，人类的科技未来可能有两个发展方向，一个是探索星际宇宙，走向宇宙，另一个是探索虚拟世界，走进虚拟的宇宙。

从刘慈欣的想法中，我们可以得到和电影《头号玩家》表达的差不多的观念——我们可能会沉迷于元宇宙的虚拟世界而忽视现实世界。如果元宇宙过度占据人们的生活，那么，就会形成一种"入侵"的局面。元宇宙不再是一个工具，而是使人沉迷的诱惑。人类如果沉迷于元宇宙的虚拟生活中，就可能会像一个患了网瘾的孩子，无法回归现实世界，严重影响其在现实世界的发展。

其实，我们不妨以乐观的心态去看待元宇宙。正如互联网并没有使我们的生活脱离现实，元宇宙也不会让人们遗忘现实。如果元宇宙能够像互联网一样融入我们的生活，将会使我们的生活变得更美好，而不是更糟糕。当然，我们应该时刻警惕虚拟世界入侵我们的生活，保证更多存在于现实世界中，而不是沉迷在虚拟世界中。

元宇宙的未来猜想

我们可以想象元宇宙的发展过程,但是对于元宇宙在遥远的未来,究竟会发展成什么样子,我们的想象力似乎有点跟不上了。那太过遥远,或许现在我们想象出来的样子和那时的情况大相径庭,又或许我们的想象力太过匮乏,低估了它的发展潜能。

但无论如何,想象还是要有的,对未来的猜想也还是要有的。

元宇宙虽然像宇宙那样庞大,有无数的细节,和现实世界也有无数个连接点,但它的本质其实只有两点,就是和人交互及和现实世界交互。

和人交互很简单,只要我们能够和它建立连接就行了。其实不需要借助其他设备,我们现在就可以通过电脑和网络建立起连接,只不过这种连接没有太多的真实感而已。但不管怎么说,连接已经建立起来了，剩下的只不过是升级连接的方式，连接的本质不会改变。

通过电脑、手机等设备，我们可以和网络建立连接，但这种连接是没有沉浸式体验的，现实和虚拟完全分开，泾渭分明。随着技术的发展，穿戴设备出现，我们的沉浸体验感增强了，现实和虚拟之间的界限没有之前那么泾渭分明了，但还没有完全融合在一起。

我们可以看出，接入网络的设备不断发展，就是为了让人更加自然地接入到网络当中，让人没有不适感，没有虚假感，让人觉得虚拟的内容和真实的内容十分相似，没有太大区别。接入设备会变得轻薄，变得小巧玲珑，最后可能会完全消失，变成像芯片一样的装置。

既然是对未来的猜想，我们不妨大胆一些。或许我们可以不用接入任何设备，凭借大脑发出的脑波就能连接上网，就像我们曾提到的"脑云"。现在的卫星发射信号被地面接收，相互之间不需要有任何实物连接，只用波就达到了传递信息的目的。人的大脑可以说是一款生物电脑，它比我们现在使用的电脑要先进太多，它不但可以储存海量的信息，而且能量消耗少、工作效率高，更重要的是，它还可以发射脑波。脑波其实是可以相互连接的，只不过不同的人脑波频率不同，难以建立起有效连接。所以，如果我们能通过和卫星一样的装置，产生和脑波一样的频率，就可以通过脑波传递信息，上传和下载信息都是可以的。于是，一个直接连接人类大脑的"脑云"系统就建立起来了。

通过"脑云"，人们可以随时随地上网，不需要借助穿戴设备。除非当一个人身体功能不太强的时候，比如年老、病重时，可以在大脑中接入一个信号放大器，达到继续和"脑云"建立连接的目的。

如果我们的大脑能够直接接入虚拟的元宇宙中，我们的一切感觉就会变得无比真实，因为那是我们的神经元细胞真切感受到的刺激。现实和虚拟会变得无比接近，甚至无法分辨哪个是现实，哪个是虚拟。这就会出现像电影《盗梦空间》中那样的问题，我们无法区分现实和虚拟，那样我们就会处于危险中。

如果我们误将现实世界当成了虚拟世界，有可能会做出一些危险的事，因为在虚拟世界当中，我们是绝对安全的，可以是超人一样的存在，但在现实中如果也像超人那样做事，就十分危险了，因为我们不会飞。

因此，我们应该牢记一点：如果虚拟世界和现实世界的界限非常明显，那我们就把虚拟世界做得特别逼真，越逼真越好；如果虚拟世界和现实世界的界限很模糊，那我们应该在虚拟世界中设置出和现实世界中明显的不同，以使我们能够一眼就区分出这是虚拟还是现实。

第一章 元宇宙的构想

在电影《盗梦空间》当中，主人公可以设计梦境，但是在设计梦境时有一个禁忌，就是他不可以去创造在现实世界里存在的场景，一定要让设计出来的梦境和现实世界不同。原因就是，他担心自己误将梦境当成现实，或者误将现实当成梦境。如果梦境中的一切和现实相同，就可能困在梦中无法走出，因为觉得梦境就是现实，也可能在现实中出现危险，因为误以为现实是梦境。

元宇宙的情况和电影中的情况很相似，所以假如我们的科技发展到可以让元宇宙变得和真实世界极为相似时，我们就应该让它和现实世界保持明显的不同，以免人们误将它们混淆，继而出现危险。

我们和元宇宙连接很容易，需要做的就是升级连接方式，让这个连接变得更加轻松、更加方便。物品要和元宇宙连接，似乎就没那么容易了，至少，它们都需要一个智能机器人来控制。

汽车、工业机器人之类本身就携带电脑装置的物品，和元宇宙连接还比较简单，毕竟它们有电脑。日常生活的物品要和元宇宙连接，就比较难了。现在的物联网技术，是通过射频识别技术、传感网等，知道一个物品的位置和信息，但这其实并不算真正意义上的连接，只能说是一种感知。我们感知物品在那里，但是如果我们不自己走过去控制它，或用机器人过去控制它，我们就无法对它施加影响。

这种情况就使得现实世界还是现实世界，虚拟世界还是虚拟世界，两者是不能重叠的。也就是说，我们要控制现实世界中的机器去取物品，或者现实世界中我们自己的身体过去拿起物品。假如现实世界中没有机器，我们自己的身体也没有走过去，那我们就无法拿起现实世界中的物品。即便我们控制虚拟世界中的机器去拿，也是拿不起来的，因为虚拟世界的机器无法拿起现实世界里的物品。

假如我们能够让所有的物品都像装有电脑的汽车、工业机器人一样可以控制，那么就实现了真正的万物互联。我们可以通过元宇宙的虚拟世界，来控制一切物品。元宇宙的虚拟世界和现实世界是可以实现互动的，我们用虚拟世界的机器人可以直接拿起现实世界里的物品，在现实世界中我们看到的是物品自己动了起来，就像有无形的手在控制着它，而在虚拟世界中，那是虚拟世界的机器人在操控。

元宇宙的未来有无限可能，或许我们用最大胆的方式去猜想，都还比不上它的发展神奇。如果我们能够穿越到未来，看到未来真实的场景，或许我们还要感叹今天自己太缺乏想象力了。

不管怎样，元宇宙的发展是必然的，它将会给我们的生活以帮助，而不是让我们的生活变得更糟。只要我们好好利用它，它就是造福人类的工具。让我们期待它带给我们的惊喜，让我们见证它创造的奇迹。

第二章

元宇宙是全新的高度

元宇宙无疑是非常先进的,它将很多新技术结合起来,比如大数据、云计算、区块链、物联网等技术,它将会是一个全新的高度。

在元宇宙中实现构想

元宇宙是一个虚拟出来的宇宙,它和我们的现实世界一样,是一个庞大而复杂的宇宙世界。现实世界里有的,在元宇宙里都可以有,现实世界里没有的,在元宇宙里也可以被创造出来。在元宇宙中,我们可以实现构想,没有什么不可能。我们既可以在元宇宙中感受到现实世界的真实感,也可以在元宇宙中创造出奇幻的世界,可以有古代的场景、现代的场景、未来的场景,也可以有魔法的场景、游戏的场景等。

元宇宙是一个庞大的、自由度极高的世界,它拥有无限的可能。在元宇宙当中,只有我们想不到的,没有它做不到的。各个行业都可以在元宇宙中找到自己的位置,各种新奇的想法都可以在元宇宙中实现。元宇宙不能满足人们的一切需求,但非常接近这种"可以满足一切需求"的状态。

各领域的知名人士纷纷表示元宇宙可以给他们带来他们想要的结果。

《雪崩》的作者尼尔·斯蒂芬森表示，当我们把目镜戴上，再把耳机戴上，然后进入一个终端设备中，我们就能够进入一个由计算机模拟出来的三维虚拟世界里面。当我们进入这个虚拟世界时，就像是我们在虚拟世界里有了一个分身一样，而且这个分身是非常自由的。在虚拟世界里，人们不用受到现实世界的物理法则的束缚，也不受技术的限制，所以不但能够像现实世界里一样逛街、游玩，还可以超越现实世界，实现各种事情，比如瞬间移动等。

腾讯董事会主席马化腾说："一个令人兴奋的机会正在到来，移动互联网经历了十年发展，即将迎来下一波升级，我们称之为'全真互联网'。虚拟世界与真实世界的大门已经打开，无论是从虚到实，还是由实入虚，都在致力于帮助用户实现更真实的体验。"

迪士尼乐园、体验和产品数字与全球首席执行官提拉克·曼达迪说："现在，我们讲故事的方式正逐渐变得个性化和社会化，这是通过我们称为'主题乐园元宇宙'的概念来实现的。一切都始于一个联网的乐园，游客可以使用联网设备，如可穿戴设备、电话和其他互动数字接入点,与周边物理环境进行互动。当乐园加上计算机视觉、自然语言理解、增强现实、人工智能和物联网等技术后,就可以将物理环境与数字世界无缝结合,创造出特殊的新体验。在未来几年里,我们的游客将在乐园内体验'元宇宙'——从《星球大战:银河星际巡洋舰》开始,然后会有即将亮相的新项目。但是,即便乐园应用了这些新技术,游客也可能不易察觉到。我们让故事栩栩如生,而背后的技术通常是不可见的。"

华为消费者业务 AR/VR 产品线总裁李腾跃说:"在未来元宇宙里,AR/VR 将结合 5G、AI 为产业带来全面升级,视频内容将实现交互、服务及体验升级,消费级的 AR/VR 终端设备的舒适度也将大幅提升,满足消费者长时间舒适佩戴的诉求,VR 将真正走入人们的日常生活。"

风险投资家马修·鲍尔说:"元宇宙应具有以下六个特征:永续性、实时性、无准入限制、经济功能、可连续性、可创造性。元宇宙不等同于'虚拟空间''虚拟经济'或仅是一种游戏,又或者 UGC 平台。在元宇宙里将有一个始终在线的实时世界,有无限量的人们可以同时参与其中。它将拥有完整运行的经济、跨越实体和数字世界。"

经济学家、横琴数链数字金融研究院学术与技术委员会主席朱嘉明说："'元宇宙'为人类社会实现最终数字化转型提供了新的路径，并与'后人类社会'发生全方位的交集，展现了一个可以与大航海时代、工业革命时代、宇航时代具有同样历史意义的新时代。当人类将自己的价值观、人文思想、技术工具、经济模式和'宇宙'认知结合在一起的时候，被赋予特定理念的'宇宙'就成了'元宇宙'。从这个意义来说，'元宇宙'经历了三个基本历史阶段。如今，要认知'元宇宙'的真谛，需要参透陆九渊和王阳明的深邃思想。"

从众多行业精英对元宇宙不同角度的认知，我们可以看到，元宇宙就是一个真正的包罗万象的宇宙，有无穷无尽的内容，可以囊括各个行业，抵达各种深邃的思想深处。在元宇宙中，每个人都可以得到他想要的内容，无论是什么行业，无论思想和学识是否深刻。在元宇宙中，人们可以做自己想做的，实现自己的想法，完成在现实中不可能完成的事情。

在小说《三体》中有这样一段话："任何超脱飞扬的思想都会砰然坠地的，现实的引力太沉重了。"在现实中我们会受到太多的限制和羁绊，我们需要符合自然科学的规律，但在元宇宙中，我们可以创造一个更加不受束缚的世界。在那里，自然科学的规律不再重要，想象力有多大，元宇宙的世界就可以有多大。我们可以不用在意地心引力，将想象力完全放飞。

在元宇宙中，河水可以倒流，树木可以倒长，地球可以没有引力没有重量；在元宇宙中，行业的规则可以重塑，让人与人之间的竞争更加公平；在元宇宙中，人可以瞬间移动到任何想去的地方；在元宇宙中，只有想不到，没有做不到。

精神世界重要还是物质世界重要，这可能是一个永远也讨论不出答案的话题，但如果不对它们进行比较，那么我们可以肯定的是，它们对我们来讲都很重要。物质是我们存活下去的必要条件，而精神世界则使我们获得真正的快乐。

元宇宙可以通过物联网和物质世界相结合，但总的来说，它是更侧重于精神层面的。当我们的大脑接入元宇宙，在元宇宙的虚拟世界遨游时，我们获得的更多的是精神上的快乐和满足。我们可以亲身去经历奇幻的世界，可以参与到一些在现实世界中无法参与的活动中。就像电影《阿凡达》中双腿残疾的主人公可以操控阿凡达尽情奔跑一样，元宇宙可以让小孩子感受到成年人的强壮，也可以让老年人感受到年轻时的快乐。只要我们的大脑还很健康，很有活力，我们就可以通过元宇宙做自己想做的事，获得很多快乐。

当元宇宙融入我们的生活时，各行各业都将在元宇宙中获得"实现构想"的体验。

现实与虚拟的高度结合

元宇宙发展初期是虚拟现实，当元宇宙发展到后期，它将通过物联网和现实结合，而当现实与虚拟高度结合起来时，就是元宇宙发展的全新阶段了。

虚拟世界虽然能够给我们带来很多欢乐，带给我们在现实世界中无法得到的一些体验，但我们不能沉迷于虚拟世界。如果长期沉迷于虚拟世界中，虽然精神上获得了一些快乐，但由于缺乏运动，身体很难保持健康。虽然我们需要精神上的享受，但同时我们也要将虚拟世界与现实世界分离。我们要活在现实当中，偶尔可以到虚拟世界中寻求快乐和放松，而不可以长期沉迷于虚拟世界。

正因人们容易沉迷于虚拟世界的快乐当中，所以在互联网刚出现时，有不少人认为互联网会给我们带来害处，特别是容易使青少年沉迷网络。现在，当互联网已经和我们的生活密不可分，移动互联网处处和生活结合时，我们才发现，它确实让我们的生活变得更加方便、快捷了。这其实就是一种虚拟和现实的结合，互联网的虚拟世界影响到现实世界，成为现实世界不可或缺的工具。

人类要想健康生活，需要身和心都健康。心的健康是精神世界的健康，精神世界的快乐和健康，我们可以从虚拟世界中获得一部分。但身体的健康，是难以从虚拟世界中获得的。即便技术高度发达，我们可以参加虚拟世界的各种活动，但我们还是需要晒太阳，去接受大自然的阳光雨露，去过好现实世界的生活。海子有句诗写得好："你来人间一趟，你要看看太阳。"生命不仅在于运动，也在于阳光雨露，我们想要身体健康，就应该做该有的生命活动，活在现实当中。这一点，当虚拟世界和现实世界实现高度结合时，更应当注意，甚至应该写出各种标语，贴在各种显眼的位置，引起全人类的重视，比如："虚拟世界只是工具，请活在现实当中。"

在科幻电影《盗梦空间》当中，梦中的世界和现实中的世界非常相似，甚至让人分不清哪个是现实世界，哪个是梦境。电影中的主人公可以通过一套设备和他人的大脑相连，然后进入他人的梦境当中。由于梦境和现实世界高度相似，当人身处梦境中时，可能会忘记自己正在梦境中。在电影中，主人公快速脱离梦境的方法就是在梦中给自己强刺激，这样会立即从梦中醒来。这其实很好理解，正如我们睡觉时做梦，如果做了一个可怕的梦，有可能会在遇到巨大刺激时，突然醒来，比如梦到从高空坠落等。然而，有一个问题出现了，那就是很难区分现实与梦境。在电影中，主人公的爱人由于误把现实当成梦境，想要通过伤害自己的方式醒过来，结果却因为是在现实中，最终失去了生命。

由此可以看出，当虚拟世界和现实世界高度相似时，会有很大的危险因素蕴藏其中，最主要的就是我们可能沉迷于虚拟世界中，甚至区分不出现实世界和虚拟世界，那就很危险了。

当现实与虚拟高度结合时，我们应该比以往任何时候都更加重视现实，平衡现实世界和虚拟世界，让自己不会沉迷于虚拟世界无法自拔。同时，还应该有意识地将虚拟世界做得和现实世界有一些明显的差异，至少有标示性的差异。这样一来，是处在现实世界中还是虚拟世界中，我们可以一目了然，避免出现差错，因为一旦出现差错，就可能意味着巨大的危险。比如，我们可以在虚拟世界中自由飞翔，或者不惧很多危险，在路上也可以不避开车辆，可一旦把现实世界当成了虚拟世界，忘记了自己不可以飞翔，忘记了躲避路上的车辆，就会面临巨大的危险。

一般来说，机遇和风险总是并存。将虚拟世界和现实世界高度结合，它的好处当然是不言而喻的。我们可以在虚拟世界中做现实世界中无法做到的事。我们可以得到精神方面的快乐，也可以通过物联网技术去控制现实中的事物，无论是娱乐还是工作，都可以在虚拟世界中去完成。我们先将虚拟世界和现实世界高度结合时需要注意的问题解决，就像是在开车时先将安全带系好，然后就可以享受虚拟世界带给我们的好处了。

互联网和现实世界的高度结合离不开智能手机和移动网络。元宇宙的虚拟世界要和现实高度结合，则离不开5G、6G技术或物联网技术等。我们通过穿戴设备，进入到元宇宙的虚拟世界当中，而智能的机器也通过网络接入到元宇宙的虚拟世界当中。通过元宇宙这个媒介，人和机器就可以对接起来，于是，人就可以远程控制机器。

其实，精神和物质的结合，依靠的是信息。大脑通过信息控制身体做出各种各样的动作。如果将大脑看成是电脑，那么我们的身体自然就是机器。我们的大脑可以通过信息来控制自己的身体，自然也可以通过信息去控制机器，这是很简单的。但困难的地方在于，我们的大脑怎样去和机器连接起来，以传递信息。

要知道，我们现在操控机器，主要是通过双手来完成，而不是直接用大脑去控制。我们通过双手操控键盘和鼠标，在电脑上输入文字，或者点击按钮，对电脑输出信息。我们通过双手操控方向盘，双脚操控油门、刹车、离合来驾驶车辆。大脑传递信息是很快的，但我们的手脚操作起来是很慢的，即使你眼疾手快，速度依然比你的思维慢得多。如果省去中间环节，直接让大脑来控制机器，当然会又快又好。

试想一下，我们不需要用双手打字，只需要心中一想，相应的文字就出现在电脑上。我们不需要去手动操控汽车，只需要用意念就可以驾驶它。通过元宇宙，远程去连接分散在世界各地的机器，就像亲自操作机器一样简单和精准，难度等级高。它需要在全世界范围内铺设元宇宙网络，需要信号强度足够高，不能出现断网的情况，需要机器出错率很低，需要太多的内容和技术支撑。

不管怎样，技术越来越发达，我们创造出来的虚拟世界就越来越接近真实的世界，虚拟世界和现实世界的结合度也会越来越高。当元宇宙的虚拟世界和现实世界高度结合后，我们可以通过虚拟世界来做大部分的事，但我们始终应该牢记一点，那就是现实世界更为重要。我们始终将虚拟世界视为工具，让它来为现实世界服务，而不是取代现实世界。

高端技术大整合

现实的世界是大自然创造的，它十分庞大，但同时又非常精细，所以我们说"自然造物鬼斧神工"。我们的眼睛可以看到很大的世界，但还不足以看清楚其中的细节，不过这并不影响我们在现实世界中生活。可如果要创造一个虚拟的世界，形成一个虚拟的宇宙，我们就不可以马虎了，不仅需要做到足够大，也要做到足够细。细节是很难的，正如游戏当中，场景可以很宏大，这并没什么，细节处的真实才需要更强大的技术。在细节处做得逼真，这是相当不容易的，需要用到很多高端的技术。

互联网的出现让人类的各种技术得到发展，而元宇宙则将促使各项技术进一步发展，使我们的现实世界和虚拟世界紧密结合，甚至可以说是无缝衔接。

有人说，元宇宙实际上就是一种信息传递技术。这话说得有道理，因为元宇宙，实现了人与人、人与物在虚拟世界的连接，同样，人与电脑也实现了信息连接。计算机技术，归根结底就是一种信息传递和计算的技术。如果信息技术进一步发展，我们的大脑可以直接和网络连接，不再需要现在这种铺设互联网的网络，形成"脑云"，我们和虚拟世界就达成了高度结合。而这，依旧是一种信息的传递。

元宇宙依赖先进的信息技术，同时，它也是高端技术的大整合，通过对高端技术的成熟，促进各种技术的发展和升级。当元宇宙达到一个全新高度时，支撑元宇宙的各种技术也将达到一个全新的高度。从这点来看，元宇宙和它使用的各种高端技术是互利共生的一种关系。如果没有这些高端技术，元宇宙将无法建立起来，而元宇宙的存在则让这些技术有了用武之地，同时促进这些技术进一步发展。

那么，元宇宙应用了哪些高端的技术呢？

元宇宙需要用到人机交互的一些高端产品。我们通过穿戴设备，能够很好地和网络进行连接，让我们在网络当中有身临其境的感觉。现在的VR、AR、扩展现实（Extended Reality，XR）、混合现实（Mix Reality，MR）等各种技术的发展非常迅速，带给人们的感觉越来越真实。我们可以通过设备在网络中获得更好的沉浸式体验，让网络中的感觉更接近真实。而当穿戴设备更加先进时，我们就可以像电影《头号玩家》中那样，通过这些设备，在元宇宙中体验到和现实中几乎同样的感觉。

随着技术的发展，穿戴设备会像智能手机一样，不断升级。一开始发明的穿戴设备可能穿戴麻烦，体验感差，而随着它的不断升级，穿戴会更加简单，体验感会更加真实。当然，还有一点非常重要，就是穿戴设备安全。可以想象一下，我们能够通过它感受到在元宇宙中轻微的触摸，但如果是在元宇宙中遭受了重击，感觉能如实传递的话，就可能会给我们带来伤害。因此，穿戴设备在具备敏感度的同时，也要重视安全问题，比如给它设定一定的感知阈值，一旦超过这个阈值，就不会再如实将感觉传递给人，而是会进行安全性的递减。这样一来，既不会影响人们的感觉，也可以保证这种感觉不会给人带来伤害。

区块链技术当然也是非常重要的技术。元宇宙能够建立起来，区块链技术可以说是非常有力的支撑。近几年区块链技术的飞速发展，为元宇宙的建设提供了强有力的支持，也是元宇宙能够取得大家认可的重要保障。区块链技术公开、透明、不可篡改等属性，能够使元宇宙变得更安全。要知道，如果你做一件坏事，全天下的人都知道是你做的，那么你很大概率不会选择去做。区块链就像是给网络装上了一双无所不见的天眼，让一切不好的行为无所遁形。区块链技术强大的威慑力，能够让那些想做坏事的人不敢做坏事，让网络诈骗成本变得极高。在区块链技术的保护下，相信元宇宙的整体环境会很好。

在现实世界中，侦破案件往往需要花费大量的时间、金钱和人力，而在网络世界中，由于很多时候用户都是匿名的，更是给侦破网络诈骗等案件带来了很大的难度。当元宇宙和我们的生活结合起来时，如果没有区块链技术，那元宇宙可能会成为催生罪恶的温床。但因为区块链技术，元宇宙中会变得非常和谐。区块链技术正是那一双无所不见的"天眼"，看穿元宇宙中的欺瞒行为。

当然，区块链技术应用非常广泛，绝不只是一种威慑力。有了区块链技术，很多问题都可以得到解决。它可以避免各种矛盾，可以解决财务纠纷；它可以用智能合约让结算更加方便，消除各种交易中的疑虑，提高交易达成率；它可以让创新有源头可查，让人们不用担心自己的创新被别人剽窃，提高人们创新的积极性，进一步加快元宇宙的发展。区块链技术对元宇宙的支撑是强有力的，可以说它给元宇宙的和谐环境打下了坚实的基础。

人工智能技术也是元宇宙中不可或缺的一种高端技术。如果你玩过游戏，你应该知道游戏里面有很多电脑角色（Non-Player Character，NPC）。如果这些NPC非常智能，人们的游戏体验就会很好，游戏的感觉就会很真实。如果这些NPC只是重复做着同样的事，重复说着同样的话，给人的感觉就很虚假，一眼就能看出这只是一个游戏，而不是真实的世界。在真实的世界中，充满了不确定性，你不同的做法、不同的问话，都应该能够引起这些NPC不同的反应，这样才显得更加真实。还有游戏当中的故事走向、游戏方式等，走向越不固定、游戏方式越不固定，越会给人更加真实的感觉。有的游戏拥有开放式的结局或各种不同的玩法，能够给玩家带来更好的体验，就是这样的道理。

当人工智能技术发展得更好，让元宇宙当中的各种NPC更像真人，人们可以像和真人对话一样和 NPC 对话，也可以做出各种各样的选择，改变元宇宙当中的事物，元宇宙就更接近真实的世界了。可以想象一下，你在元宇宙中的一举一动可以影响到整个元宇宙，就像在现实世界当中的一举一动会影响这个世界的发展一样。虽然每个人的能力有限，对世界的影响也有限，但我们的行为确实会给整个世界带来影响。就像"蝴蝶效应"，一只蝴蝶扇动翅膀，就可能会引起遥远的地方的一场风暴。

当人工智能技术越来越发达，机器人的思维越来越接近真人的水平时，我们在元宇宙中接触的 NPC 也会越来越智能。我们可以在元宇宙中做出更多的选择，就像游戏有无数个结局一样，元宇宙的发展也会多出更多的可能性。

网络和算力及信息传递技术也是元宇宙非常需要的高端技术。元宇宙要使用大数据、云计算，这对网络信息的储存、计算提出了很高的要求；元宇宙要使用更强的信息传递技术，以保证这个庞大的网络不会受信息延迟的影响，以便快速高效的运转，这就使 5G、6G 技术有了更广泛的应用，并且这种对信息传递技术的需求还会反过来促进这些技术的快速发展。

元宇宙是高端技术的大整合，它就像是一个检验高端技术的实验场，不但让各种高端技术有了具体使用的空间，也会使这些高端技术不断升级，甚至催生出更多的新技术。这一点毋庸置疑，比如，在2021年，虚拟现实穿戴设备制造商Oculus的最新VR产品销量非常高，比预期高出很多，这就说明元宇宙对于相关行业的影响是巨大的。

元宇宙创造出新的市场并且点燃市场的激情。它将是高端技术的实验场，同时也是高端技术的摇篮。我们有理由相信，在元宇宙的加持下，各种高端技术的发展会更快，新技术诞生的速度也会更快。

元宇宙是全新的世界

我们生活在现实世界当中，当年互联网第一次出现时，我们感到非常新奇和不可思议，不敢相信这是真的，觉得网络世界是一个全新的世界。后来，在互联网和现实生活这两者之间，有的人陷入

第二章 元宇宙是全新的高度

了迷茫,他们沉迷于网络。但很快,人们发现网络就是网络,无法替代现实世界,所以纷纷从网络世界回归现实世界。

和当年互联网刚刚出现时一样,元宇宙的概念刚刚出现时,我们也感到新奇和不可思议,我们惊讶于元宇宙的构想,觉得这似乎是天方夜谭,很难实现。但是,科技的发展逐渐将"不可能"变成了"可能"。

虽然现在元宇宙的概念非常火爆,我们对元宇宙时代有非常丰富的构想,但元宇宙到底是怎样的?有没有人能够非常确定地、斩钉截铁地告诉我们元宇宙就是这样的?没有。毕竟元宇宙还没有成熟,元宇宙的时代也还没有真正到来,我们所有对元宇宙的构想都只是构想而已。正如我们对一个小孩的未来有很高的期望,期望他能够非常优秀,但小孩以后到底会怎样,现在还不得而知,所有的构想都只能是构想,不是事实。

我们唯一知道的就是,元宇宙是一个全新的世界,我们对元宇宙的所有构想都可能是真的,也都可能不是真的。元宇宙的发展完全有可能出乎所有人的意料,也有可能在我们的意料之中,一切皆有可能。

未知总是使人感到恐惧。我们无法猜测元宇宙到底是怎样的,会不会给我们的生活带来不利，因此，虽然大部分人认为它将会改善我们的生活，但隐隐的担忧也时刻存在。有人担心元宇宙会使我们沉迷其中，也有人觉得元宇宙是镜花水月，很难触及，只是人们的一种想象。

周鸿祎认为，在主流的元宇宙模式设想中，在元宇宙中人类可以摆脱现实的约束，在现实中不经过艰苦的努力就能在元宇宙中获得成就，这样一来，大家都生活在虚幻的空间里，寻找游戏般的即时满足，比如想要更高的颜值可以换脸，想要衣服可以充值购买，最终甚至不需要戴VR眼镜，只要闭着眼睛躺在床上，插着管，供着营养液，通过刺激脑电波，可以产生无数的幻想，变成了和电影《黑客帝国》里的人肉电池一样。

如果元宇宙真的是以这种模式发展并实现，那么到那时，人类只在虚拟世界里进行社交，年轻一代天天沉浸在虚拟社会里，获得"盗梦空间"一样的满足。这样的元宇宙不会给人类社会带来真正的发展。

周鸿祎觉得，元宇宙的终极形态，应该把物理世界、虚拟世界和人类社会高度融合。

周鸿祎的想法其实没有什么问题，元宇宙是虚拟出来的世界，我们可以利用它来改善我们的现实世界，但如果一直沉迷于这个虚拟的世界当中，对人类社会将是不利的。

不过，正如没有多少人会真正沉迷于互联网一样，我们对元宇宙的这种担忧或许是多余的。当我们刚刚接触元宇宙时会被它深深吸引，这和我们遇见其他新鲜事物时的反应一致。但是，当我们逐渐熟悉了元宇宙之后，对它的兴趣不会再像刚开始那样狂热，而是逐渐回归理性，就像大部分人对待互联网一样。我们承认互联网改变了我们的生活，元宇宙也是如此，在最初的时候它会产生非常强的影响力，或许一度会给人一种错觉，就是它毁了现实生活，使很多人沉迷其中。但经过一段时间后，人们就对它逐渐习惯，继而见怪不怪了。

人们总是会对新鲜事物有强烈的好奇心，当这种好奇心退去，一切就回归正常，这是很多新鲜事物都会经历的阶段。正如一个网络段子，当它火起来时，全网都在讨论它，都在分享它，可过了几天后，就很少有人再提及它了。网红也是这样，当一个网红火的时候，到处都能见到他的身影，可当他过气之后，很少有人再提及，人们仿佛已经将他遗忘了。

我们现在对元宇宙有无数种猜想，但元宇宙到底是怎样的，我们只能等它到来时才会知道。但即便元宇宙时代真的到来了，就是它向我们展现的那个样子吗？也不是。元宇宙需要我们不断去探索和挖掘，需要我们去创造。它不是静态的，而是会随着人们的挖掘，向人们展现它丰富而深邃的一面。

元宇宙到底是怎样的，取决于人们如何去开发它，如何去使用它。人们的想象力有多广，元宇宙就有多广。它就像一个真实的世界，又像是一个取之不尽的宝藏。我们面对它时，可能所有的想象力都是匮乏的。或许它远比我们想象中更加神奇，它的能量也远比我们想象中巨大，对人类生活的影响力也大到超出我们现有的认知。

无论用什么语言来形容元宇宙，似乎都不太准确，因为元宇宙是未知的，它是一个全新的世界。人类对它有多大的想象，它就回馈给人类多大的财富。

对于元宇宙，我们应该去不断探索、不断挖掘，这个全新的世界能够带给我们很多惊喜。对它的定义不可以下得太早，那显得很鲁莽。在元宇宙中摸着石头过河，去发现它的神奇，获取它的能量，然后改善我们的现实生活。

第三章

元宇宙是下一个风口

每当一个新事物出现,也就意味着巨大的机遇和价值。以前有句流行语"站在风口上,连猪都可以飞",现在,元宇宙就是下一个风口,我们应该抓住它。

元宇宙的巨大价值

互联网有巨大的价值,这一点相信没有人可以否认。正是因为互联网,我们现在的生活才会这么方便。我们可以足不出户就吃到外卖,收到网购的商品,看到眼花缭乱的信息,浏览贴吧论坛和网友愉快交流,观看各种视频。

假如我们能够回到1994年,那个时候互联网刚刚在美国政府的支持下进入大众视野,成功商用。如果你从现在穿越到那个时代,会发现那时候人们对互联网的价值充满怀疑。所以,你的机会来了。因为知道互联网对人类社会有巨大的价值,那你应该会不顾一切投入到互联网的怀抱中。那么,在不久的将来,你可能会成为互联网中的巨头,具有影响世界的能力。

元宇宙是互联网深度发展的产物,它和当初的互联网太像了。

我们现在还只能猜测它的价值，有些人甚至可能会认为它的价值不高，但它是否也会像互联网一样产生巨大的价值呢？这有很大的可能性。

元宇宙和互联网的境遇相似，它一开始也受到各方面的质疑，但它所呈现出来的先进性是毋庸置疑的。元宇宙是互联网的下一个风口，我们完全可以以互联网的发展为参考，去推测元宇宙的发展。历史总是不同的，但历史又总是相似的。元宇宙应该会像互联网一样，融入我们的生活，创造巨大的社会价值。

我们其实不需要去怀疑元宇宙的价值，更需要的是避免它将人类的各种科技引入歧途。所以我们应该去引导元宇宙给人类创造正确的价值，引导方向正确的技术，而不是给人类社会带来混乱。玩过游戏的人都知道，在游戏当中，如果你的"技能点"点错了，你可能就会变得很弱，或者你的"科技树"点错了，你的发展就会受到严重影响。元宇宙应该使人类的科技在对的方面发展，才会对我们的社会有利。正如《三体》的作者刘慈欣担心人类会沉迷于虚拟世界，影响现实世界的发展一样，我们应该注意这一点，并使元宇宙带领未来科技向正确的方向发展。

虽然元宇宙充满了未知，也可能会惹来一些人的担忧，但我们应该去积极拥抱元宇宙，只不过在拥抱的同时，要注意方向正确。要让它成为改善社会，为人类造福的工具，而不能让它成为滋生罪恶的温床。

工具本身不带有任何属性，用它为善它就是善的，用它作恶它就是恶的。互联网虽然方便了我们的生活，但也让网络诈骗横行。我们在享受互联网和元宇宙带给我们便利的同时，也要注意防范风险。

元宇宙的价值主要体现在两个方面，一方面是生活，另一方面是工作。

元宇宙可以给我们的生活带来巨大的变化，让我们的生活变得更好。就目前来看，元宇宙能够通过 AR、VR 技术，给我们带来非常好的沉浸式体验。大人们可以通过玩沉浸式的游戏来放松心情，孩子们可以通过玩沉浸式的学习游戏来激发他们的学习兴趣，达到寓教于乐的目的。

随着技术的发展，元宇宙给我们生活带来的价值会更加明显。人们可能会把大部分娱乐活动放到元宇宙中。原因很简单，在现实当中，我们会受到很多制约，比如需要到特定的娱乐场所，而有些娱乐场所还需要特定的设备，对场地的限制，带来了时间成本的增加，可能会让一些人没时间去玩。元宇宙中，不用考虑时间和地域的限制，危险性较低。当然，由于非常逼真，可能有一些活动也会有所限制，比如患有某些疾病的人不可以玩等。

元宇宙中的世界比现实世界更加奇特，会有很多新奇的内容。我们可以在元宇宙中穿梭时空，可以飞行，可以去古代体验生活，也可以去看看未来。当然前提是这个虚拟世界非常接近真实世界，如果这个世界和现实世界相差甚远，那么它将魅力大减，甚至不如现实世界的吸引力大。

元宇宙的生活价值这么高，那么在元宇宙中开店会很不错。在现实中开店，你需要有店面，若你开的是网店，就无法让顾客有到店消费的真实感觉。在元宇宙开一家店，你不需要现实里的店面，却能够带给顾客在现实中到店消费的感觉。

在元宇宙中，人们能够体验到前所未有的生活体验，交际圈子也变得非常大，不再受到时间和空间的制约。你可以一下子交到外国的朋友，不必像现实一样漂洋过海去见面，在元宇宙中可以瞬间见面。不过，就像现在的网友一样，可能你也不知道对方到底长什么样子。在电影《头号玩家》中，每个人真实的样子和游戏里都有很大差别。其实这是可以接受也可以理解的，毕竟大家都想要在虚拟世界中变成自己喜欢的样子。如果在元宇宙中只能用自己现实中的样子，那元宇宙带给人们的生活乐趣大概会减少很多。

人们的生活和元宇宙产生了紧密联系，这本身就是一个巨大的商机。消费者在哪里，商机就在哪里。除了在元宇宙中开店，或许连游戏教学等都可能成为非常火的职业。因为元宇宙的价值是巨大的，并且它会带来很多全新的内容，相信很多新的职业会催生出来。

元宇宙除了生活的价值，工作的价值当然同样巨大。现在，有很多企业开始涉足元宇宙，特别是那些世界闻名的大企业正在向元宇宙进军。这就会创造出很多的职业，新的工作内容需要新的员工，新的工作岗位需要新的血液。假如你在一个大一点的企业工作，而当前的工作又不合心意，正好企业要进军元宇宙，那么你可以大胆报名，加入进军元宇宙的团队中。假如这个团队取得了非常好的成绩，你的价值一下子就体现出来了。甚至在将来，元宇宙的这个团队有可能成为最受重视的一个团队，那你就真的前途无量了。

新的工作意味着巨大的机遇，特别是对于元宇宙这个有着巨大价值的领域。加入有关元宇宙的团队，你随时都有可能脱颖而出。

只要能够使用AI技术的行业，其实都可以考虑和元宇宙结合起来。即便是其他的行业也可以考虑和元宇宙结合。元宇宙的价值超乎我们的想象，只要能够找到合理的结合点，大部分行业可以和元宇宙结合。

很多行业都是谁能抢占先机，谁就更有优势。现在虽然很多大企业在向元宇宙进军，但整体依旧处于开端的状态，元宇宙现在可以说是百废待兴。在元宇宙中找到工作，在元宇宙中辛勤耕耘，你有可能会变成元宇宙的"超级新星"。

改变意味着机会和价值，元宇宙给世界带来的改变将带来巨大的价值，同时也创造出非常多的机会。机会是给先行者的，也是给有准备的人的。从现在开始，就去了解元宇宙，去做与元宇宙结合的努力，你就可以先人一步，创造更多的价值。

元宇宙的全新机遇

元宇宙有巨大的价值，也会给世界带来巨大的改变，这种改变带来了非常多的机遇，抓住这些机遇，将会诞生很多佼佼者。如果你能够抓住这些机遇并做得非常出色，甚至有可能成为财富榜上数一数二的人物。

元宇宙带来的一个很重要的机遇就是游戏，元宇宙带给我们的游戏体验是前所未有的，是完全沉浸式的。在元宇宙中，游戏可身临其境，我们可以化身游戏中的人物，而不需要用手柄、键盘或者鼠标来控制它。我们仿佛来到虚拟的世界中，去体验魔法的世界，去征战沙场，去拼搏冒险和坏人斗智斗勇。

游戏可以分为很多种，有的游戏是单纯娱乐的，有的游戏则可以用来学习一些知识。其实即便没有元宇宙的加持，当今社会游戏也越来越被人们认可了。很多年轻人会像看足球比赛一样去观看游戏比赛，而电竞也登上主流运动赛事舞台。元宇宙中的游戏可以用来学习，比如学习驾驶、学习操作机器等，只要是需要模拟实际情况的，不管简单还是复杂，都可以在元宇宙中实现。而相关游戏的开发和运行都是机遇。哪一款游戏做得非常逼真，给人的体验感好，就有可能火起来，并赚取大量的金钱，毕竟喜欢游戏的人还是非常多的，而如果一款游戏既能够娱乐又能够学习，那去玩的人会更多。

很多人喜欢旅游，只要有闲暇的时间，就去看看祖国的大好河山。然而,有很多人平时工作很忙,只有长一些的节假日才有时间出去旅游。可到了旅游景点之后,往往是人山人海。在人挤人的环境中,游览的兴致全无。因此,有些人干脆不再出去旅游,而是在家里从网上浏览图片。元宇宙可以给人们创造身临其境的旅游感觉,只要在元宇宙中打造出旅游景点,人们就可以足不出户参观旅游,而且是随时可以去参观,不需要等到节假日。如果在每个景点都设置NPC,或者给每个旅游的人配一个专门陪伴旅游的NPC,就可以让人们在旅游的过程中获得非常好的体验。相比在现实当中旅游,在元宇宙中旅游可能会成为更多人的选择。

科学研究需要进行各种各样的实验,如果在现实中去做,会花费非常高昂的经费。如果在元宇宙当中模仿现实的自然环境,先在元宇宙的场景中做实验,关键的实验步骤才在现实当中去做,就可以节约大量的成本。开发一些模仿现实自然环境的场景,这里的模仿不仅是样子像,各种数据也要像,包括重力、空气的干湿度、风、阳光、自然植被等。这样的一个细节处理到位的场景会受到科研人员的欢迎。

在元宇宙中提供各种服务,也是一个非常好的机遇。我们除了娱乐,也有享受各种服务的需求。比如,让设计师为你虚拟世界里的人物量身定制一个发型、一套衣服；享受一次专业的足底按摩；找一个倾听者诉说一下心中的苦闷。互联网时代催生了很多新鲜的服务行业，比如外卖、游戏陪玩等，元宇宙也将催生很多新鲜的服务行业。虽然人工智能很发达，但服务行业还是需要很多人去做，这会是一个非常好的机遇。

除了游戏，虚拟的生活或许也是一个不错的机遇。如果你在平时的生活中感觉很疲惫，或者觉得生活单调乏味，就可以进行一次虚拟的生活体验。等你有时间的时候，在元宇宙中体验一下不一样的生活。这可以让我们体验到不同的人生，丰富我们的生活乐趣，让我们更加热爱自己的生活。

在元宇宙中，应该可以进行很多工作，可是如果要开会，就需要一个安静并且环境舒适的会议室。给企业提供环境舒适的优质会议室或许可以成为一个机遇。在现实中，企业要有自己的办公楼或者办公地点，而在元宇宙当中，企业可能并不需要这些。那么，在开会的时候，就需要找一个好一点的会议室。打造出优质的会议室场景，并租给企业，这是个挺好的想法。

元宇宙当中的机遇非常多，只要你肯开动脑筋，就可以发现其中的机遇。正如互联网时代有各种各样的机遇，有的人经常能够想出一些新的点子，找到新的机遇。在元宇宙中也是如此，脑筋更灵活的人，对新的机遇也比较敏感，更容易看到机遇，看到机遇之后大胆地把握机会，将想法变成行动。

理论上来说，我们在元宇宙中不用担心土地和资源不够用，各种限制也少了很多。由于是在虚拟世界中，我们可以放心大胆做自己想做的事，这就更容易将人的创造性激发出来，新的机遇很快就可以产生价值。由于元宇宙不是现实世界，只要能够写出代码，做出场景，就可以不用担心场景被破坏，而更新环境只需要修改代码就可以了，成本很低。因此，当你完成创新之后，接下来的维护费用就很低了。对于这种"一劳永逸"的创新和机遇，相信很多人都愿意去抓住，也会尽最大努力去抓住。

在现实当中，无论你是开店还是做其他什么，你都要消耗不少的成本，租房成本就能让你吃不消。可在元宇宙中，不但能够有现实中一样的店面，还不用担心高昂的房租，除了一开始开发需要投入一些资金，后期的成本几乎可以忽略不计。因此，在元宇宙中发展是千载难逢的好机遇。

不过，无论是虚拟世界还是现实世界，抓住机遇都应该趁早，不然等别人先做大做强，你想要竞争就很难了。即便没有高额的房租，如果别人的店比你的更大更好，你的店可能也会因为生意冷清而经营不下去。

由于元宇宙能够给人们带来非常愉快的体验，而人们在心情愉悦时更容易消费，所以在元宇宙中存在巨大的消费需求。如果你为没有及时抓住元宇宙中的机遇而烦恼，其实大可不必。如果已经有人做了你准备做的相关方面的内容，你在体量上一时难以超越它，那么你就可以剑走偏锋，在新奇方面更胜一筹。无论是互联网时期还是元宇宙时期，人们喜欢新奇事物的心理不会有太大改变，只要你的想法足够新奇，你的点子足够新鲜，就能俘获你的消费者。

元宇宙当中蕴含着无穷的机遇，你需要做的就是开动脑筋，去发现这些机遇，然后迅速行动，抓住这些机遇。如果你行动慢了一些，已经有人先抓住了机遇，也不要气馁，去求新求变，你也能够后来居上。元宇宙的每个机遇都是一个巨大的宝藏，等待着你去发现和挖掘。

元宇宙改变各行各业

当互联网技术出现时,很多人并没有意识到一场影响全球的信息技术革命已经拉开帷幕。没过多少年,我们的生活和工作已经和互联网密不可分。可以说,当今世界已经互联网化,离开互联网,我们很难生活下去,即便能生活,生活质量也会降低一个很大的档次。

元宇宙具有和互联网同样的性质,它是互联网的升级版,因此,它会经历和互联网类似的发展历程,只不过这个时间可能会更短,发展会更迅速。现在我们的世界是互联网化的,而当元宇宙技术成熟,世界就会元宇宙化。虽然现在元宇宙刚被人们熟知,但我们完全可以相信,在不久的将来世界就会元宇宙化。

正如"互联网+"改变了各行各业一样,元宇宙也会改变各行各业。互联网给各种传统行业赋能，让传统行业改革升级，焕发新的生机。元宇宙也会给各行各业赋能，让各行各业连接到元宇宙中，创造很多新契机，促进行业的发展和革新。

元宇宙的概念非常火爆，人们几乎都听说过它，各行各业也在向元宇宙进军。元宇宙为行业发展注入新动能，也将深入影响世界。

当然，如果一个新鲜事物空有其表，即便被媒体炒得火热，最后也将回归平静。现实和市场才是检验新事物的标准，噱头是无法改变市场真实情况的。元宇宙和互联网一样，有货真价实的技术基础和实实在在的价值。风头过后，人们对元宇宙的狂热逐渐消退，但市场对元宇宙的认可是肯定的，元宇宙对各行各业的影响才刚刚开始。即便人们不再谈论元宇宙，元宇宙也会在市场上迅速发展，和整个社会、整个世界结合起来。当人们转头再看，才发现元宇宙就像当初的互联网一样，悄无声息却非常迅速地发展着，已经和我们的生活密不可分了。

元宇宙的技术是先进的，带给我们的观念和体验是全新的。这就使得元宇宙一定会被各行各业所接受，并使各行各业愿意朝着元宇宙的方向去发展。互联网代表的是现在，而元宇宙代表的则是未来。正如互联网可以连接绝大多数行业一样，元宇宙也可以和每一个行业建立连接。

各行各业要元宇宙化,就要根据元宇宙的特点进行行业升级,需要做元宇宙化的一些创新。这使行业的产业链和价值链进一步升级,行业的理念也会有所转变,变得更加先进。一般来说,技术升级带来的不仅是行业服务、产品等方面的升级,更重要的是会给行业带来全新的思想和理念,使这个行业更加人性化,能够提供更合理、更贴心的产品或服务。元宇宙加上区块链技术,就像是一个公开透明的伊甸园,很多不可能的事情,在元宇宙中都变成了可能,很多不和谐的因素也会被元宇宙消灭掉。渐渐地,公平合理会被绝大多数人接受,不公平的想法会越来越少,人们的理念会逐渐改变,越来越将公平合理视为理所应当,而不是追求令自己享有某些特权。

有些传统行业多年没有改变,虽然经历过互联网的洗礼,有了一些改变,但改变并不明显。这样的行业一般是缺乏活力的,一直按部就班重复着以前的工作内容,少有技术创新和升级。只要它们元宇宙化,改变就不会只是一点点。其中,那些受到场地限制的传统行业,会在元宇宙中获得非常强的生命力,它们将不再受到场地的限制,可以在元宇宙中尽情发展。比如旅游行业,在现实中,没有景点就无法产生旅游行业，而景点大部分都是天然的。在元宇宙中，人们可以去设计一个旅游景点，不受地域限制，不受气候限制，不受现实的一切限制。只要有编程能力，每个人都可以去设计自己的旅游场地。相信元宇宙化的旅游行业将会非常强大，旅游景点里各种自然环境和娱乐设施将会应有尽有，我们甚至可以在别的星球旅游。

元宇宙中的零售行业会变成无人销售的模式。已经完全不需要员工，只需要一些智能机器人就可以完成操作。在元宇宙的虚拟世界中不需要员工，因为一切都是虚拟的。在区块链技术的帮助下，个人征信系统将会变得非常强大，我们或许直接到店里取了商品就走，不需要立刻结账，元宇宙的系统会自动记录你的消费额度，每月结一次各种款项就可以了。我们不需要去开信用卡，每个人的个人征信情况就是你的无形信用卡。

总之，元宇宙为各行各业，甚至全世界带来改变，几乎没有什么会被排除在元宇宙之外。小说《三体Ⅱ·黑暗森林》对人类未来世界有这样的描述，人们随时随地都可以上网，只要是光滑的表面，就可以像我们现在点击手机屏幕一样去上网。元宇宙或许比这种描述更加先进，我们只需要携带穿戴设备，就随时可以进入元宇宙的虚拟世界，或者我们的大脑可以直接进入元宇宙当中。

世界将会被元宇宙改变，元宇宙这个风口是巨大的，将会超过互联网。我们应该积极拥抱元宇宙，去开启虚拟世界的大门，让我们的现实世界变得更加美好。

元宇宙会如何发展

元宇宙具体是怎样的，没有人能准确说出。不过有一点可以肯定，它不是静止的，而是处于发展当中。人类对它有多少认知，它就回馈给人类多少财富。

世界上的一切都处于变化当中，"变"是宇宙中不变的真理。我们无法预知元宇宙的真实面貌，但我们却可以推想它会如何发展。

党的十九届五中全会通过的《中共中央关于制定国民经济和社会发展第十四个五年规划和二〇三五年远景目标的建议》当中提出了"实施文化产业数字化战略"。文化和旅游部发布的《关于推动数字文化产业高质量发展的意见》（文旅产业发[2020]78号）则提出了推动数字文化产业高质量发展的方向、思路和路径。将元宇宙规划进国家层面的战略，是对元宇宙发展的肯定。元宇宙和区块链、人工智能等技术都在推进发展的范畴当中，也被全国很多地方列为发展方向。

元宇宙时代终将到来，并且会与我们的生活全面结合。元宇宙的发展应该会从基础建设开始，比如现在有很多地方建设了虚拟场景，有很多体验馆和展览馆，供人们去感受虚拟世界的美妙。当人们越来越多地接触虚拟世界，就会逐渐接受虚拟世界，对虚拟世界有了更多的认知，才不会过多地担忧。

元宇宙需要平台，需要建立起一个整体的平台。这个平台不是需要一台巨型的服务器，而是要利用区块链技术，共同构建起一个平台。这样的平台才是安全可靠的，也才是足够庞大的。

接入元宇宙的设备应该会不断升级。现在我们所使用的VR/AR设备是戴在头上的眼镜，但它太笨重了，会让人感觉不舒适。随着技术的发展，我们的穿戴设备应该会变得更加轻薄，人们穿戴上之后没有不舒适的感觉。我们身体不舒服的感受是无法绕开的一个事实，只有用先进的设备去改善这一问题，人们才更愿意去接触元宇宙。

除了眼睛可以看到，身体也能感受到，因为元宇宙带给我们的是真实的感受，所以身上的穿戴设备是必需的。我们需要通过皮肤的感觉，来产生真实的触感。就像电影《头号玩家》当中的穿戴设备那样，我们得让身体切实感受到那种触摸元宇宙的感觉。

在电影《头号玩家》当中，穿戴设备有好有坏。好的穿戴设备价格高昂，带给人的触感更加细腻，连轻微的触摸也能感受到。穿戴上这样的设备之后，人们在元宇宙中的感觉就像在现实中一样真实。差一点的穿戴设备比较便宜，但触感没有那么细腻真实，给人的感觉不是特别好。

电影中的这种设定其实很合理，因为除非生产穿戴设备的成本变得非常低，每个人都能够买得起最好的穿戴设备，否则穿戴设备就会被分成低端、中端、高端等不同的等级，就像现在的手机有低端、中端和高端的区别一样。

无论我们用来接入元宇宙的设备会分成几个等级，最高级别的那个设备所代表的才是人类科技发展的水平，其他的只是将技术普及之后的结果。如果我们的穿戴设备已经能够模拟出现实中的那种触感，并且不会给穿戴的人带来不舒适的感觉，元宇宙的接入设备就发展得差不多了。但还有一点需要注意，就是身体健康。

健康的身体是每个人都需要的，当我们没有生病时，我们可能体会不出身体健康的重要性，而一旦我们生病，就会发现，原来健康的时光是那么美妙。当人们沉浸在欢乐当中，可能就会忘记了身体的不适感，久而久之，给身体带来了很大的负担，于是身体开始抗议、开始生病。正如当人们低头玩手机时，他们忘记了眼睛累，也忘记了脖子疼，等到身体受不了时，就可能已患上近视眼和颈椎病。

元宇宙是非常美妙的，可你的身体只有一个。假如穿戴设备短时间内使用并不会给人带来明显的不舒适感，但使用时间长了还是会使人感觉疲劳，或者对人体有害。那么这样的穿戴设备就是不科学的，可能给使用者带来危害。如果出现这样的状况，人们对元宇宙就会产生怀疑。因此，在发展接入元宇宙的设备时，安全性是重中之重，如果只为了体验感而忽视了安全，那么即便走得很快也没有用，反而会伤害到人们对于元宇宙的积极性。

除接入元宇宙的各种设备外，对元宇宙的开发也非常重要。在元宇宙的发展过程中，或许会经历三个阶段：一是还未被开发出来的"蛮荒"阶段，二是已经初具规模使人们大量接入并在其中工作、生活和娱乐的阶段，三是进一步发展和我们的日常生活全面融合的阶段。

其实，任何事物的发展初期，我们都很难准确预测它在未来会是怎样的。我们只能大概知道它的未来会向着怎样的方向发展，不过知道这个大概方向也就够了。我们更应该注重的是眼前应该去做什么，然后付诸实践，不用太过于在意未来。当未来比较模糊，但有了一个方向时，它已经足够引导我们。不要试图去完全拨开未来的神秘面纱，真真切切看到未来的场景，那不太现实，而且会耗费太多的精力，是自寻烦恼。我们应该活在当下，重点把现在的事情做好。

或许元宇宙发展到最后，会给我们的现实生活带来翻天覆地的变化，而这种"翻天覆地"并不只停留在虚拟的网络上，而是更加真实，连我们日常生活状态都被改变。我们或许来到了科幻小说中描述的那种场景，看上去科技感十足的时代，交通工具在无人驾驶的状态在地上跑、天上飞，人们不用做太多的工作，就可以丰衣足食，只需要专注于自己的生活。

现在谈元宇宙的发展，一切都只是一种初步的设想，至于它究竟会怎样发展，还要看我们现在怎样去努力。把握当下，才能够开创未来。如果我们期待元宇宙能够给我们的生活带来更多的美好，让我们的社会变得更加和谐，我们就应该马上着手去开发它，而不是一直沉迷在对未来的憧憬中。

第四章
元宇宙与数字化资产

数字化资产的概念在近几年频频被提起,并且有一段时间非常火爆,而元宇宙这个虚拟的世界和数字化资产注定有着不解之缘。

元宇宙将财富充分数字化

在多年以前，我们还没有使用手机支付时，几乎所有的结算都会使用纸质的货币。纸质货币由于很多人触摸，上面会有很多细菌，所以接触完之后都要好好洗手，如果是出门在外，不方便洗手，手就会很脏。这些都让人很无奈，却又没有办法。直到智能手机出现，手机支付走进我们的生活，人们终于可以不再使用纸质货币，一部手机走到哪都可以用来支付。

我国在手机支付这个领域显然是走在世界前列的，当我们已经可以普遍采用手机支付时，国外很多国家甚至发达国家都还在使用纸质货币或信用卡消费。当然，手机支付严格意义上说不是数字化货币，只不过是将纸质货币的支付方式转变成手机支付而已。

现在，国家推出了数字人民币，这是财富数字化的重要一步。

2022年1月，数字人民币（试点版）App在各大应用商店上架。除了手机支付，各大电商平台、外卖平台等也都接入数字人民币系统，包括京东商城、饿了么、天猫超市、美团等平台。

数字人民币除了在网上使用，在很多现实的支付场景中都可以使用，比如生活、出行、旅游、购物等各种生活常用场景中。个人数字钱包一共分成四种等级，不同等级都有余额上限、单笔支付限额上限、日累积支付限额上限、年累积支付限额上限，安全性比较强。

数字人民币只是我们在财富数字化上迈出的一小步，不过，这是一个整体的大方向，随着元宇宙的发展、各种技术的进一步提高，我们的财富会进一步数字化，在使用各种数字货币支付时会更加方便快捷，当然也会更加安全。

当元宇宙和我们的生活充分结合时，财富充分数字化，各个平台、各个国家的支付可能会变得高度统一，甚至有可能会出现一种世界通用的数字化货币，免去了汇率变化等各种情况带来的麻烦。

在元宇宙中，财富充分数字化，并非只有支付数字化，支付数字化只是小小的一步。如果你玩过一些大型的网络游戏，就知道里面的一些装备是可以卖钱的，正如电影《头号玩家》里的游戏装备可以卖钱一样。在这些游戏当中，每一件东西都有它的实际价值，都可以直接换算成数字化的财富。当元宇宙和我们的生活充分结合之后，每一件物品都是可以直接和数字化货币等量转换的，这时，我们购物或者卖二手物品应该会变得非常简单，在元宇宙中的交易也会变得非常简单。你不用担心自己是某一方面的"小白"而上当受骗，因为一切物品都是明码标价且价格是透明的。

当财富充分数字化之后，你就不用担心被骗子骗，也不用担心有中间商赚差价。或许，交易会变得特别容易，容易到任何人都可以轻松实现交易，"童叟无欺"将不再是一个彰显商家信誉的词，而是一个任何时候都适用的交易事实。

我们将元宇宙看作一个地球村，在这个地球村当中，没有国家的限制，大家都在同一个平台上工作、生活、娱乐。那么，在这样的环境当中交易，可以实现任何时间的面对面交易，不需要中间环节，各种物品的价格全平台统一。交易的过程由区块链全程记录，如果有人在交易过程中行骗，将会无所遁形。

或者，也可以构建一个巨大的官方元宇宙交易平台。你可以直接将想卖或者想买的东西发布到元宇宙的平台上，然后直接一口价支付或者领取相应的钱，其他的就不用管了。如果你是卖东西，自然会有人去购买你上传的物品。如果是现实中的物品，会由现实中的机器人发快递运输过去；如果是元宇宙中的虚拟物品，则直接在元宇宙中发货。如果你是买东西，则由交易平台给你发货，不用担心会有问题，等着收货就行。

当我们的财富充分数字化时，一切交易都变得更加简单和透明。现在有一些二手交易平台，如闲鱼等。虽然这些平台的二手商品价格也是比较公平合理的，但显然依旧难以防止一些价格高于商品实际价值的情况出现，特别是当用户选择自己线下和卖者交易时，更容易买到高价低质的商品。在元宇宙中，财富都是充分数字化的，也就不会出现以上的情况了。当你的物品可以直接被估值，就像拍卖的物品有专业团队来估值一样，每一件物品都是直观的财富，价格是公开透明的，交易起来就非常简单明了，完全不需要担心交易出问题。

不过话说回来，物品的估值是需要专业人士来完成的。在拍卖物品时，要有专业的估值团队，而在日常生活中，能够给物品估值的，一般都是各行各业中的专业人士。比如，你的手机用了一年，想要卖掉它买一部新手机，你可以选择以旧换新，也可以选择先在二手交易平台卖出，然后再去购买你想要的手机。但无论你选择的是哪一种，首先你要给自己的旧手机估值。在估值时，即便你对手机比较了解，也很难自己完成估值，因为电子产品的折旧率很高，一段时间之后它的价格会下降很多。一般我们会让平台来估值，平台会对不同型号的手机进行合理估值。

手机、电脑等一些有品牌的大众化产品，估值相对比较简单，而对于一些没有品牌的或者并不大众化的产品，估值可能就没那么容易。因此，元宇宙中财富要充分数字化，离不开各行各业的专业团队，或者非常专业的智能机器人。

当财富数字化，一切交易都变成了非常简单的事，就像现在我们没有学过摄影，却可以拿起手机拍照一样简单。我们不必担心自己买东西时因为对产品不了解而被别人骗，也不必担心自己卖东西时估值有误把东西贱卖给别人。无论是生活还是工作，无论是做生意还是偶尔的交易，我们都可以更加放心。

区块链是有力保障

区块链去中心化、公开、透明、可追溯、不可篡改等一系列的属性，让它成为互联网的一道屏障，让互联网能够更加安全、更加可信。同样，区块链技术也为元宇宙提供了去中心化的基础架构，还提供了通证体系，这使元宇宙经济系统这栋大厦有了地基。在元宇宙的各种技术基础中，区块链绝对算得上是最重要的基础技术之一。

在现实中，如果你的钱包被人偷了，你无法知道是被谁偷的。你可以选择报警，但没有监控视频等线索时，警察也不一定能够很快破案并抓住小偷。可是，如果有监控设备，让小偷暴露在监控之下，破案就非常简单了。区块链就像是给网络装上了一个无所不在的监控系统，一切的行为都在它的监控之下。当所有人都知道它的存在，那些想偷东西、想做坏事的人，就会慑于它的威力，不敢去动手。

很多在现实生活中做坏事的人，就是因为心存侥幸，觉得自己不会被抓住，不会被惩罚。区块链技术是给网络装上了无所不在的监控系统，只要做坏事就会被抓住。做坏事的成本变得很高，收益和付出之比不值得人们去做坏事，做坏事的人自然就会越来越少。

要让世界保持和谐，不能完全靠人们的自觉，而要有一套公平合理的判定系统。区块链技术是监控、是判定、是威慑，也会是元宇宙和谐的有力保障。在它的保护之下，元宇宙会非常和谐。在元宇宙当中，做坏事的人会很少，欺骗的事情也会很少，诚实守信将会成为主旋律，并且一直保持下去。在诚实守信的基础上，每个人的内心都会觉得公平合理。人们的心情会变得舒畅，整个环境自然也会变得更加和谐。

区块链对元宇宙的保障是有力的，也是全方位的。现实生活中，为了保障资产的安全，一些商业活动往往需要银行等第三方进行担保。区块链可以通过智能合约保证交易双方的利益，让双方的资产安全都得到保障，不再需要第三方参与。减少中间环节之后，交易活动变得更加方便、快捷。在智能合约的约束下，为确保买方将来有足够的资金支付，只需要将买方的一部分资产锁定。于是，买方可以不必立即支付，手上的资金可以更加宽裕。卖方也不用担心自己的钱款无法收回，因为如果买方不能及时支付，智能合约不但会让买方的征信减分，而且卖方可以拿到买方被锁定的资产，不会亏本。

在区块链技术强有力的保障之下，整个元宇宙是非常和谐的。同时，在区块链技术的威慑之下，做坏事的人会很少。在这样的环境当中，你和周围的人相处和谐，很少有人会因为心中的怨恨或不满对你进行报复，也很少有人会盗窃、抢夺你的资产。每个人的资产都非常安全。

区块链技术可以让元宇宙当中的虚拟身份和虚拟资产处于非常安全的环境当中。元宇宙的金融系统是去中心化的，用户可以自由交易，进行等价的资产互换等。在区块链不可篡改、安全可靠、去中心化等特点的加持下，资产的安全性毋庸置疑。

随着区块链技术的进一步发展，会有越来越多的人信任元宇宙，元宇宙的边界也会不断拓展，变得越来越宽广。

元宇宙将数字财富推上顶峰

以前我们的财富大部分都是有实体的，无论是实体的物品还是实体的金钱等，都是看得见摸得着的。随着移动互联网和生活高度结合，人们的财富变得越来越数字化，最为明显的，就是大部分人开始用手机支付代替传统的纸币支付。不过，这还只是非常初级的阶段，仅将金钱和交易数字化。随着元宇宙的发展，数字财富将会被推上顶峰，我们不仅用数字化的货币进行交易，连有价值的物品都将变为数字化的，比如一个高级的可以在元宇宙中实现某些事情的程序。

自从互联网出现之后，数字财富一直都存在，只不过它的存在感比较低，只在一些和互联网有关的人群中受到重视，还没有被大众强烈意识到。在普通人的意识当中，现实中的财富才是最重要的，数字财富像水中的月亮一样虚幻和不靠谱。例如，有很多收藏古董的人，却很少听说有谁收藏数字财富。数字财富仿佛在主流之外，并没有被大众广泛接受。但实际上，随着元宇宙的发展，数字财富必然会成为主流。

几十年前，当网络游戏刚刚开始火爆时，在一些人气高的网络游戏中，一件高级的游戏装备是每个游戏玩家都渴望得到的。这就使高级的游戏装备成了一种可以交易的资产，有的人为了购买一件游戏装备，可以花费几十万、上百万元的人民币。在普通人看来，这是难以理解的，一个网络游戏中虚拟的装备，在现实里看不见摸不着，居然可以卖那么多钱，甚至比一套房子都贵。其实，这时的游戏装备就是一种数字财富，它虽然看不见摸不着，没有实体，但在游戏中是以数据的模式真实存在的，且可以交易。

在电影《头号玩家》当中，网络世界里有专门通过"打怪""通关游戏"等方式获取高级游戏装备的人，他们就像是"赏金猎人"一样，把富豪们梦寐以求的装备拿到手，然后转手卖给富豪，以此获得高额的财富。电影中的反派角色就从一个这样的人手中买到了一个非常强大的装备，足以让游戏中的所有玩家同时死去，就像一颗"末日炸弹"。各种各样的装备就是数字财富，可以用来交易，也可以作为自己的财富一直留存。

　　数字财富在以前是很难被大众理解的，大部分人对数字财富没有具体的概念，并且认为数字财富是像网络游戏一样和现实没有太多联系的内容。人们将玩网络游戏视为不务正业，将数字财富视为不着边际的虚幻财富。随着互联网和我们的生活结合越来越紧密，特别是移动互联网的飞速发展，更是将移动支付的快捷带给了每一个普通人。人们对虚拟世界有了更多的认知，同时也更加接受和认可了虚拟世界。随着大众观念的逐渐转变，虚拟世界会对我们的现实生活产生更为深远的影响，数字货币、数字财富也就逐渐走进大众的视野，并将逐渐成为主流。

　　在以前，如果一个年轻人总是玩网络游戏，那么他会被身边的人批评。现在，他可能成为一名受到认可的职业电子竞技选手。在以前，如果一个人整天在家里足不出户，可能所有人都会觉得他不求上进。现在，他可能是在做直播或其他居家的工作，只不过工作性质和其他工作不同而已。

　　人们的观念变得越来越被网络影响，这是网络走入我们思维当中的又一个节点，甚至比网络本身走进我们的生活更为重要。网络走进了我们的思维，改变了我们的观念。这使数字财富不但有了现实里的技术基础，也有了精神和观念层面的基础。有了这样的基础，数字财富不但会走进我们的生活，也会很快被大众所接受，成为普遍的认知和潜意识当中的观念。

元宇宙是互联网深入发展的产物，它让网络和我们的生活几乎无缝衔接，让网络和万物互联。在元宇宙和我们的生活全面结合之后，人们的观念会进一步改变，对网络和现实的理解会进一步加深，对数字财富也会完全理解和接受。那时候，人们或许会将数字财富视为和实物财富一样重要，甚至有可能会将数字财富看得比实物财富更重要。现在我们不会认为数字财富比实物财富更重要，也不太能想象它会变成主流，但在元宇宙全面融入我们的生活之后，这种想法完全是有可能的。

元宇宙会改变我们的生活方式，改变我们的观念，让数字财富被越来越多的人了解和接受，让数字财富变得越来越重要。当我们对数字财富有了更多的了解之后，就会开始看重数字财富，它在整个社会财富当中所占的比重会越来越大，最终，它有可能取代实物财富而成为主流。

元宇宙将数字财富推上顶峰，这几乎是元宇宙发展所带来的必然结果。在元宇宙当中，我们玩虚拟的游戏，逛虚拟的场所，我们对虚拟世界的接受度越来越高，对数字财富的接受度也越来越高，对数字财富的理解也随之加深。我们平时使用数字货币，自己也拥有元宇宙当中的数字财富，对数字财富的各种交易也变得很习惯。

数字财富在元宇宙时代的日常生活中随处可见，我们在元宇宙中几乎会时刻接触数字财富。数字财富变成和实物财富一样重要的财富，被我们用来交易，或许还可以直接进行交换，就像我们在网络游戏中交换游戏装备一样，一切皆有可能。

在几十年前，我们无法想象互联网能够和我们的生活如此密切，我们的衣食住行都和网络紧密结合。现在，我们也很难想象数字财富在元宇宙时代会是怎样的一种状态，不过我们可以大胆设想，因为只有我们想不到的，没有不可能出现的。

当数字财富被元宇宙推向顶峰，那时候的人们看待数字财富，就像我们今天看待移动支付一样自然。那时，数字财富不是神秘的财富，也不是什么骗局，而是我们每天都在使用的财富，是我们每时每刻都能见到的财富。

元宇宙使数字化资产深入人心

随着移动互联网的不断发展,人们对"数字化"这个词并不陌生,却觉得"数字化"有些虚无缥缈,似乎它和我们的现实生活有着明显的界限,一点也不"接地气"。很多时候,企业说要进行数字化转型,却没有做出根本改变。对于数字化资产,多数人更是不了解,也不重视。

某游戏公司在售出游戏角色之后,对游戏角色进行了一些改动。游戏玩家认为,自己购买游戏角色就是购买一件产品,购买之后这个游戏角色就变成了自己的资产。商家不应该去更改用户已经买到手的产品,更不应该因为这些改动,使用户手中的产品贬值。游戏公司的这种行为无异于欺诈。

如果以传统的观念来看，游戏公司对游戏中的数据进行修改是正常的。但如果以数字化资产的角度来思考，用户说的其实非常有道理。如果游戏公司以游戏更新和升级为理由，让用户的数字化资产严重贬值，这就是在欺诈用户，在掠夺用户手中的数字化资产。

喜欢在网上观看影视剧的人可能知道，曾有一个"超前点播"的话题引起了广泛关注和讨论。

一些视频平台在出售会员后，又推出了一些需要会员再次付费才能观看的内容，比如"超前点播"等。也就是说，当用户成为该视频平台的会员之后，想要观看一些正在更新的影视剧内容，还需要付费进行"超前点播"，否则，就需要漫长地等待，去观看视频平台"挤牙膏"一样放出来的剧情。在不进行"超前点播"时，视频平台的影视剧更新得非常缓慢，每天可能只放出一集，而新的剧情前面又可能存在很长的重复剧情，导致用户体验很差。

利用"超前点播"，让用户已经购买的会员产生贬值，会员还需要继续付费购买更进一步的服务，这种情况实际上就是对用户的数字化资产动了手脚。视频平台通过给会员加码的方法，贬低用户的会员价值，进一步要求用户充值，从而获取利益，不少用户虽然感觉不对劲，但说不出来具体哪里不对劲。这就是数字化资产还没有深入人心，我们对于数字化资产并没有很强的保护意识。

当元宇宙与我们的生活紧密结合后，我们的数字化资产意识会变得更强，数字化资产的意识会深入每个人的心里。

数字化资产虽然具有价值，但不那么深入人心，是因为我们在虚拟世界中的资产往往不容易和现实联系到一起。如果你买了一辆车，那么周围的人都可以看到，并知道你买了一辆车。但是，如果你买了一个视频平台的会员，或者在游戏中买了一件游戏装备，那周围的人就不知道了。而且，你也不会逢人就说"我有一个某平台的视频会员"，或者"我在某游戏当中有怎样的装备"。

数字化资产和现实存在一条看不见摸不着的鸿沟，而元宇宙则会让这道鸿沟越来越小。

当元宇宙和我们的生活紧密结合时，数字化资产也就和我们现实中的资产一样重要。为了让自己在元宇宙中的虚拟形象好看一点，我们可能会购买别人设计的服饰等；为了让自己在元宇宙中的出行变得更加炫酷，我们可能会购买元宇宙中的交通工具、特效等；为了让自己在元宇宙中也有和现实里类似的家庭感，我们可能会购买房屋等。

这种购买虚拟物品的行为，和现在我们购买各种视频平台的会员、购买游戏装备是一样的。当这种行为成为大多数人认可的行为后，数字化资产的理念也就更深入人心了。随着元宇宙的发展，我们每个人都会接触元宇宙，在元宇宙当中工作、学习、娱乐，元宇宙和现实的结合会越来越紧密，我们对于虚拟事物的接受度也会越来越高。数字化资产不再是一个距离我们很遥远的概念，它是和我们每个人紧密相关的，也是深入人心的。

第五章

元宇宙的大趋势

历史的发展趋势是一种大趋势，几乎没人可以阻挡。元宇宙在发展的过程中也有它的大趋势，我们应该去了解这种趋势，并且顺应它。

经济社会数字化转型

随着移动互联网的深入发展,大数据、云计算和区块链等各项技术趋于成熟,数字化被更多的人接受和认可,并且成为特别火爆的一个概念。在元宇宙的发展中,经济社会的数字化程度会进一步加深。

2020年我国数字经济核心产业增加值占GDP比重7.8%,到2025年预计将达到10%。在2022年的全国"两会"上,元宇宙和数字经济是非常热门的两个话题。2022年,政府工作报告加大了对促进数字经济发展的支持力度,也提升了广度。《政府工作报告》中提出,完善数字经济治理,释放数据要素潜力,更好赋能经济发展,丰富人民生活。

实际上,在元宇宙概念还未出现时,数字化就已经是一种大趋势了，元宇宙的出现只不过是加速了这种进程，并且坚定了一些还在观望的人的信念。如果说在移动互联网时期，数字化还只是一种先进的概念，即便不进行数字化转型，也有存活下去的可能，那么到了元宇宙时期，数字化则会成为一种必要的基础，不进行数字化转型就已经几乎没有生存下去的可能了。因此，当元宇宙这个概念出现，元宇宙的技术也逐渐走进我们的生活中时，数字化转型就是一种不得不进行的事了。这使还在观望、还没有下定决心进行数字化转型的企业快速下定决心，促使经济社会真正实现数字化转型。

在移动互联网时期，全世界的企业经历着数字化转型。转型即是一场革命，必然伴随痛苦。一些企业在数字化转型方面积极投入，而一些企业虽然也对数字化转型感兴趣，却迟迟没有实质性的动作，处在观望当中。一个新概念出现时，真正能搞懂它的人总是少数。数字经济这个概念太大了，和实际的结合就变得比较模糊，一些小企业只是对这个概念好奇，却不知道自己该怎么去做，也有人会觉得这像是一个骗局，不敢去行动。

打消企业的疑虑，让数字经济和实体经济充分结合起来，就是数字化经济发展的一个重点。除了政府为之背书，新技术的发展也至关重要。元宇宙概念的出现，各种虚拟技术的发展，正是让人们看到了虚拟和现实结合的可能性和必然性，也为企业发展数字经济、进行数字化转型吃了一颗定心丸。

和众多产业在刚发展的时候需要投入大量的人力、物力和资金一样，在数字化转型的初期，各个企业、整个社会经济体系都将会面临不小的困难。在最初的几年当中，不但可能无法赚到钱，还要亏钱。但只要能够完成数字化转型，今后的发展就会顺畅起来，赚钱也是迟早的事。

我们应该把格局打开，不去计较现在的投入，要看到更为长远的未来。实际上，现在很多正在赚钱的企业，其能够盈利都是因为前期不计成本的研发和投入。非常典型的一个例子就是光刻机，在光刻机技术出现以前，研究光刻机需要投入大量的资金，所以没有企业愿意去做。等一家企业把光刻机做出来了，接下来就可以把之前投入的资金很快赚回来。

前期的投入能够换来后期的回报，谁敢于先投入，谁就能够在以后占据优势。而且，现在国家对经济数字化是鼓励的，各项政策都有利于企业去做数字化方面的变革。不但有先行者的优势，还有国家的扶持，这是很好的事。因此不必害怕，谁敢走得更早，谁就有机会成为未来的强者。

当前，我国的数字化经济发展已经初具规模，5G技术、大数据和云计算等技术的发展和应用，都在给经济的发展赋能。人工智能和机器人也在各行各业中不断出现，很多原本需要人工的行业开始不再依赖人工。

需要注意的是，在核心技术方面，我们还有很长的路要走。在芯片、控制器、传感器等核心领域，我们要加大科研力度。当我们掌握了核心科技，我们的数字经济发展才能够走得更稳。

以前我国在光伏领域的发展经验，值得现在的数字经济发展借鉴。我国光伏企业一开始以组装为主，缺乏核心技术，虽然在世界上取得了令人瞩目的成绩，但很快被那些掌握核心技术的外国企业打垮。后来，我国的光伏企业励精图治，通过科研搞定了核心技术，这才使我国的光伏企业重获新生，有了今天我国光伏行业世界领先的好成绩。同样，在数字经济发展过程中，我们不能只搞组装，不去攻克核心科技领域。只有我们自己掌握了核心技术，发展才会更加稳固。

当元宇宙技术逐渐成熟时，经济社会数字化转型将成为全球的大趋势。元宇宙将虚拟世界变得越来越真实，并将数字与我们的生活和工作全面结合起来，让我们时刻和数字打交道。数字会成为我们最常接触的内容，我们日常生活的数据、工作的数据，所有的数据都是数字化的信息，而这构成了一个庞大的虚拟数字世界，也是元宇宙当中的巨大数据库，它将为经济社会数字化转型提供基础。

现在虽然还没有进入元宇宙的时代，但我们的数字经济已经初见端倪。如果我们在网站上浏览一些信息，随即网站便会弹出一些与我们搜索内容相关的广告信息，我们就很有可能点进去浏览，并产生购买的欲望。当我们在外卖平台经常点某家饭店的饭菜，那么外卖平台就会优先给我们推荐这家店，以及和这家店相似的店。当我们在购物平台搜索一些商品，平台将会给我们推荐大量的此类商品，以及和此类商品相关的一些商品。

我们正生活在一个被大数据包围的世界中，有人说"大数据比任何人都更懂你"，这句话即便不是完全正确，也八九不离十。网友表示，当他在短视频平台刷到一个比较喜欢的视频，就会多看一会儿，因为如果没看完就划走，由于停留的时间太短，担心被大数据认为他对此类视频不感兴趣，进而减少对此类视频的推送。

元宇宙比当前的移动互联网更加先进，我们的大数据会更加庞大，也会更加细致，我们的云计算能力会更加强大。经济将会数字化转型，而大量的数字信息则给经济发展带来了很大的便利。我们不需要费尽心思去想某些问题，因为数据往往比人的想法更加可靠。因为有数据给我们提供帮助，我们很容易就能找到经济发展的好方法。

毫无疑问，元宇宙的时代将会是一个经济全面数字化的时代，也将会是一个经济发展很快的时代。在以往经济发展当中存在的冗长复杂的中间环节将会被大量减省，在经济发展当中容易走的弯路也会在极大程度上避免，我国的经济将会发展得更快，世界的经济也会发展得更快。

当然，经济社会数字化转型还会存在一些问题，这需要我们努力去解决。任何道路都不会在一开始就非常顺畅，需要有先行者去扫除道路上的障碍。无论在经济全面数字化的道路上遇到怎样的困难，这都是大势所趋，我们也终将排除困难，在元宇宙时代经济发展的道路上走得更快、更远。

强大的经济社群

当一个人购买了一件物品，被周围的朋友看到之后，可能会询问他这是在哪里购买的，质量好不好，如果好的话也去买一件。这时，这个人和他的朋友就形成了一个经济社群，只不过这个群体很小。

现在移动互联网已经和我们的生活完全结合起来，每个人都可能会加入一些网络上的社群，除了网友们常说的"相亲相爱一家人"微信群，还有 QQ 群、微博群、论坛、贴吧等。这样的一个群体就是一个经济社群。

随着商家利用用户社交关系进行销售的风气盛行，众多电商平台、外卖平台、游戏平台等各种各样的平台都开始推出邀请朋友助力得奖品或优惠的活动，有的是助力"砍一刀"来砍价，有的是助力领取奖品,有的是邀请新用户给奖励,可谓花样十足。但无论样式怎样变换,利用用户的人际关系来推销是它的核心本质。

支付宝支付和微信支付是人们最为常用的两种手机支付方式,其中,微信能够和自己的朋友联系,而支付宝虽然也有加别人好友的功能,但用支付宝来聊天的人却少之又少。因此,支付宝常常想像微信一样打入用户的交际圈,提升用户黏度,其实,这就是经济社群的诱惑。支付宝想打入用户的经济社群当中,获得更大的营销空间。

微信其实一直都和经济社群有着千丝万缕的联系,因为微信本身就是一个即时通信软件,在微信上有成千上万的、各种各样的微信群,每一个微信群都可以看成是一个经济社群。有些人为了能够在各种平台更好地砍价、助力,以获取平台的优惠,专门创建一些用来砍价、助力的微信群,还有的人会创建发放各种优惠券的微信群。在这样的微信群当中,大家都是为了能在消费和购物的过程中获得更大的优惠,并且会互相推荐一些自己觉得好的商品,大家互相帮助的同时也互相影响,这就是名副其实的经济社群了。

经济社群拥有强大营销作用的原因在于我们更容易相信身边的人。一方面,如果他们本身就使用过商品,那么他们更容易知道这个商品好不好，他们所说的话具有非常强的参考价值。另一方面，由于大家是朋友，互相知根知底，故意骗人的情况会很少，所推荐的商品更可信。现在网络诈骗依旧有很多，导致人们对陌生的电话都有很强的警惕心理，甚至有不少人从来不接陌生人的电话。如果一个销售员打电话向陌生人推荐一些商品，成功的几率是很小的，比如推荐一套房，很大概率会被拒绝接听或者马上挂掉。但如果在一个购房的群体当中，大家都在讨论哪里的房子比较好，对于群体当中的人说出来的话，大家更愿意去相信。

在中国的社会当中，圈子是一种普遍存在的现象，一个经济社群也就是一个小圈子。如果销售人员能够进入这个小圈子，那么他说的话会更被大家重视，他营销成功的概率也会大大提升。

圈子文化在中国自古至今都存在，我们没有必要去否认，其实它的原理很简单，就是一些熟人之间说话更容易被相信，彼此之间不会有很强的防备心理。到了移动互联网高度发达的当今时代，圈子由以往受到距离限制的小圈子，变成可以隔着几千公里，甚至在地球两端的人也能够成为同一个圈子的"大"圈子。拥有共同兴趣爱好、共同目标（如购买更实惠的商品）的一群人聚集在一起，就会成为一个经济社群。这群人可能分散在天南地北，但这并不影响他们能够成为一个群体。

　　经济社群方便了用户，而商家如果能够利用经济社群来营销，则会事半功倍，它是用户思维的一种体现。当商家打入用户的经济社群当中，商家和用户会变得像朋友，用户可以和商家像朋友一样随时聊天互动，彼此之间的距离会快速拉进。小米公司在最初能够取得飞速发展，并得到粉丝的追捧，和它利用论坛来打造用户的经济社群，在用户心中成为一个朋友一样的存在，有很重要的关系。直到今天，小米的用户黏度依然很高，小米的粉丝会把小米公司当成朋友，把小米的创始人雷军当成朋友。很多小米的粉丝家里拥有大量的小米产品，正是因为他们信任小米，而且买小米的产品就像买自己朋友的产品一样，"肥水不流外人田"，既然要购买产品，而正好自己的朋友小米又生产这种产品，与其购买其他品牌，不如购买小米。相信很多小米的粉丝都是这样的心态，当然还有很重要的一点，就是小米的产品质量确实不错，价格也让大家感到满意。

　　就像小米和小米粉丝之间的关系一样，如果商家能够利用好经济社群，并且保证给用户提供质量好的产品和服务，用户黏度就会很强，用户就会把商家当朋友，很愿意去购买商家的产品或服务。

　　移动互联网时代，经济社群已经给商家带来了巨大的经济价值，那么元宇宙时代当然会有更加强大的经济社群。在移动互联网时代，经济社群需要借助微信、论坛等一些平台来建立，而到了元宇宙时代，当大家都接入同一个元宇宙中，建立经济社群就要简单太多了。或许，人们可以直接在全世界范围内像发布广播一样发布信息，寻找有共同需求的人，然后建立起经济社群。正如在网络游戏中，玩家可以通过在"世界频道"喊话，使所有正在玩游戏的人可以收到自己发布的信息一样。

在元宇宙当中，经济社群完全不受地域的限制，也不会像一些平台的群那样有人数上限的要求，人们可以根据自己的意愿加入任何一个经济社群当中。当大数据的技术变得非常发达时，人们可以根据自己的喜好，更加细致地寻找自己需要的经济社群。

现在的全球购，需要从其他国家将商品运输回来，要经历海关，还要有各种各样的冗长环节。但是在元宇宙的虚拟世界中可能是没有国界的，如果是虚拟的商品，人们就可以直接购买了，就像现在我们在网络游戏当中购买装备一样简单，不会受到时间和地点的限制。

在元宇宙时代的经济社群，团购将会变得非常容易。我们现在的团购，需要人们自己去点击购买，有时候还可能会出现无法凑够人数的尴尬局面。虽然团购能够让我们购买商品时变得更加便宜，但团购有时候确实不如直接购买更加方便，如果你急着购买一件商品，不想在团购凑人数这方面花费太多时间，可能更愿意选择直接购买。由于元宇宙时代的经济社群非常强大，因此这时的团购会变得更加轻松和便捷。人们只需要在社群中说出自己的购买意愿，就会有很多有相同需求的人加入购买的行列。或许，这时候的团购会像一个团队统一购买商品一样整齐划一，是真正意义上的团购，而不是现在这种两三个人就可以付款的团购。团购时商家给出的优惠可能会更多，团购真正变成类似私人订制的一种更人性化的购物模式。

在元宇宙时代，由于各种网络技术和大数据技术会变得非常发达，因此经济社群也会变得格外强大，并且具有更高的经济价值。在经济社群当中，人们会互相影响，团购之风也可能会更加盛行。如果商家能够在经济社群中有一席之地，他在进行营销时，效果将会成倍增加。

数字文化进一步发展

如果说军事和经济是一个民族屹立在世界之林的重要保障，那么文化则是一个民族长远发展的根本。在任何时代，文化都是非常重要的，而在信息技术和网络技术高度发达的今天，数字文化逐渐变得流行起来。不过，数字文化还没有真正和我们的生活结合起来，很多人对数字文化的了解也并不多。在元宇宙到来之后，数字文化将进一步发展，也会与我们的日常生活结合地更加紧密。

数字文化指以计算机、互联网及数字化视频进行信息采集、处理、存储和传输的文化的数字化共享。简单来说，就是将传统的文化内容变为数字化的文化内容。数字文化以各公共、组织与个体文化资源为基础，通过VR、AR、3D等先进的数字技术，在网络平台进行传播并不断升级内容。与传统的文化形式相比，数字文化会带来更好的创新性、体验性、互动性，文化被充分共享，并成为真正给大众服务的内容。

现在一些短视频平台和视频制作网站受到广大年轻人的喜爱，自制的短视频等视频内容里包含了很多文化信息，这正是一种数字文化。人们在观看视频之余，可以用弹幕发表评论，也可以在视频下方留言评论，观众的评论是给视频制作者的反馈，同时也是对视频所传播的文化的一种评价。通过大家集思广益，视频当中传播的文化观念是否正确，我们应该如何看待一些问题等，往往会变得更加清晰明了。

很多网友喜欢在网上和别人讨论问题，有时会产生激烈的辩论，不过也存在一些别有用心的人，他们故意在网络上散播一些错误的言论，混淆大众视听，使网络环境变得不再和谐。因此，在数字文化兴起的同时，如何应对新兴的文化犯罪，也是我们需要去思考的。近几年我国不断开展净网行动，对在网络上造谣和犯罪的人加大了惩治的力度，使网络环境进一步改善。现在很多人都知道，网络并非法外之地，在网络上胡说八道、造谣传谣，也是要负法律责任的。

在网络时代到来之后，特别是智能手机出现之后，电子书及短视频兴起。人们可以随时随地用手机看电子书，相比需要携带的纸质书更为方便。视频则是由于比文字更加生动，观看也更加省力，而被更多的人喜爱。当然，纸质书并没有过时，因为对于一批想象力丰富的人来说，文字比视频更加生动，因为文字给了人无限的画面想象空间，而视频是无法去想象其他画面的，只能固定在视频里的画面。对于电子书来说，纸质书也有它的优势，那就是翻页更加容易，而且对眼睛更加友好。

现在数字文化的发展方兴未艾，很多网络上火爆的段子，其实就是数字文化兴盛的一种表现。还有很受年轻人欢迎的一些视频网站，年轻人扎堆在里面创作视频，交流自己的生活和工作，俨然是一个独立出来的虚拟世界。到了元宇宙时代，数字文化应该会成为一种主流文化，被绝大多数人接受和使用。无论在哪个国家，无论在哪个地方，数字文化都会成为人们所熟知的文化形式。

其实，早在2011年，文化部和财政部就出台了《关于进一步加强公共数字文化建设的指导意见》(文社文发[2011]54号)，对数字文化的发展进行了引导。文件中指出，在数字化、信息化、全球化的时代背景下，结合国内外形势和人民群众不断增长的精神文化需求，将信息技术、数字技术、网络技术等现代科学技术和传播手段应用于公共文化服务体系建设，进一步加强公共数字文化建设，是适应时代发展的必然要求和战略选择。

数字文化具有一些和互联网类似的特点，它是全球化的，并且是免费的，它最终会给全人类带来文化。虽然现在我们的数字文化还会受到国家的限制，但随着时代的发展，数字文化会变成一种在全球传播的文化，它会在和谐的状态下，让喜爱各种文化的人都有选择和学习的自由。互联网的一大特点就是免费，而数字文化也会继承互联网的这一特性，逐渐变成全人类共有的文化。

在过去，很多信息是不透明的，这给我们日常生活和工作带来了很多不便。这既是网络不发达造成的，更是网络不安全、网络平台无法互通等造成的。区块链技术解决了网络安全问题，而元宇宙时代的网络平台应该可以保持互联，成为一个巨大的整体网络。这样就可以形成一个整体的数字文化体系，无论是办事，还是查询信息、工作，都会方便得多。社会管理成本会因此而降低，社会压力会更小，所有人的幸福指数都会因此上升。

数字文化成为主流时，网络信息的传递速度变得至关重要。当全球几十亿人同时上网，网络不能因为拥挤而出现问题，网络信息的传输不能缓慢，否则就会费时费力，产生很多内耗。5G技术的发展给我们的网络提速，使现在的网络信息传递速度足够我们使用。

不过，随着元宇宙的深入发展，对技术的要求更高。但也不用担心，新的信息传递技术也会被研究出来，6G技术正在路上。

传统的信息采集是依靠我们的双眼，正所谓"眼见为实"，我们看到了什么就采集什么信息。无论是日常生活中的事情，还是战争中的事情，都需要新闻记者来进行信息采集。在元宇宙时代，在数字文化盛行时，信息的采集方式可能会发生根本改变。我们不再依靠人眼来采集信息，在区块链技术的加持下，所有的摄像设备采集的信息都会变得非常可靠，很难造假。因为同一件事情可能会被很多摄像头同时捕捉到，那么信息造假的成本会很高。

在互联网刚兴起时，很多人就对互联网持怀疑态度，不知道它对人类社会有益还是有害。数字文化也会让人产生这样的怀疑，怀疑人们会沉浸在数字文化当中无法自拔，脱离现实生活。这种怀疑很合理，但不应成为阻挡元宇宙和数字文化发展的理由。当互联网融入我们的生活时，我们自然而然对它"见惯不怪"，对它的兴趣也逐渐降低。当元宇宙和数字文化逐渐融入我们的生活时，也是同样的道理。人们会对新鲜事物有一阵子的痴迷，但新鲜感一过就又会恢复平淡。我们只需要在一开始便保持警惕，注意提醒人们不要沉迷其中，一段时间后这将不再是问题。

数字文化已经发展了很多年，在年轻人中有了很好的基础。当元宇宙时代到来时，数字文化将成为一种大趋势，在全世界的范围内流行，并且无论年轻人还是老年人，都会接受和使用数字文化。因为元宇宙时期上网比我们现在使用手机上网要方便得多，即便是对智能手机操作不习惯的老年人，也能轻松通过穿戴设备连接到元宇宙中，就像人人都会看电视一样，人人都可以学会在元宇宙中体验数字文化带给我们的文化盛宴。

值得一提的是，在元宇宙时代，世界各国的文化应该会产生比较激烈的碰撞，正如现在欧美一些国家通过电影来输出自己的文化一样，元宇宙时代每个民族的文化都可以被大家看到。当然，文化是多元的，我们应该建立起强大的文化自信，去传承优秀的传统文化。经济的强大、军事的强大只是保证我们不受欺负，而文化的强大、自信才是真正的自信源泉。

数字形象成为主要形象

形象对于每个人来说都非常重要。其实,形象也不仅是面子问题,打造一个良好的形象,也是对他人的尊重。我们现在的形象就是现实世界里的形象,如果非要说其他形象,或许可以说网络上有一个账号,通过账号认识了一些网友,在这些网友心中有一个网络形象。

尽管现在移动互联网已经和我们的生活紧密结合,但网络形象依旧距离我们太过遥远,也不会被多数人知道,只要我们不使用这个账号,一般就不会将这个网络形象和自己联系到一起。在日常生活当中,很少有人会跟别人说,我在网上有一个怎样的身份,即便是一个网络主播,也不会经常告诉别人我是一个主播,因为我们习惯将网络和现实分开。

不过，随着网络技术的进一步发展，特别是区块链技术的出现，使网络环境更安全，因此，我们可以在网络上进行很多信息的确认。电子驾照、电子身份证使我们拥有了更加完整的网络形象。

2018年4月，由公安部第一研究所可信身份认证平台（CTID）认证的"居民身份证网上功能凭证"在支付宝亮相，正式在衢州、杭州、福州三个城市的多个场景试点。2020年5月，全国人大代表、南京市体育局副局长葛菲建议，在全国范围内推行以公安机关权威身份数据为基础的统一"电子身份证"，让老百姓"一部手机在身，轻松走遍天下"。电子身份证在局部试点成熟后，应当加快在全国范围内推行。

电子证件使我们的网络形象有了"官方认证"，但这并不足以构成我们真正的形象，真正的形象不只是信息数据，更是一个鲜活的人。在元宇宙时代，我们应该会有自己鲜活生动的数字形象，并且有可能成为我们的主要形象。这个数字形象并不一定是我们现实生活中的样子，它可以由人们自己设计出来，但不能随意更改，或者如果要更改，可能需要向公安机关申报。

就像电影《头号玩家》当中，每个人都有一个特定的游戏世界中的角色形象一样，元宇宙中的数字形象应该也是这样的。或许会有一个专业设计、修改数字形象的行业诞生，就像现在的美容美发行业一样，会迎来很多顾客。

一个好的数字形象应该是和现实生活中的人一样，可以有丰富的面部表情和肢体动作。当我们在元宇宙中时，身边的人可以清楚捕捉到你的面部表情，可以知道你的情绪是好还是坏。肢体动作的协调则让你能够在元宇宙中从事工作或者进行游戏时更得心应手。假如你使用穿戴设备，在元宇宙中操控自己的数字形象，如果数字形象肢体不协调，为了让数字形象做一些动作，可能你现实中的动作也会变得和平时不同，有受伤的风险。除了面部表情和肢体动作，眼神变化或许会成为一个难点。我们可以动过肌肉的动作来捕捉到脸部的微表情，但是眼神的变化并不好捕捉，如果元宇宙中的数字形象没有眼神变化，就会少了很多神韵。缺少眼神变化就像画龙却没有点睛，会使数字形象的魅力大减。

在电影《头号玩家》中，人们的游戏角色也有眼神的变化，但这些都是电影制作的特效。在现实中，目前的大部分AI数字人面部表情不细致，缺乏眼神变化。虽然有些软件提供了一张照片就可以生成数字形象的功能，但生成的数字形象非常粗糙，就像我们在网络游戏里创建一个角色形象，然后选择不同的发型、面部轮廓、肤色等一样。目前的技术水平还有待进一步提高，相信当元宇宙时代真正到来时，我们的数字形象会和现实世界中的真人一样形象生动，可以有丰富的面部表情和肢体动作。

数字形象当然不只是一种外部的形象，大数据技术的发展使得我们每个人的信息和征信都被元宇宙记录下来，形成一个既有外表又有内在的数字形象。当我们从事一些工作或社会活动时，可以轻松调动自己的数据，以方便系统识别。

就像现在每一辆机动车都有它的号牌和行驶证一样，元宇宙中的数字形象也应该有自己的身份证，虽然它是虚拟出来的形象，但在进入一些地方时，也会需要验证身份。当然，元宇宙中数字形象的身份证可以是一个简单的标记，只要这个标记能够被识别且不容易伪造就可以，不需要像真实的身份证那样有很多信息。

网络不是法外之地，元宇宙当然也不是法外之地。当每个人都有一个固定的虚拟数字形象后，我们就要为数字形象的行为负责。一旦有人在元宇宙中使用数字形象做了违法的事情，就应该受到法律的制裁。还有一点就是，数字形象要避免被人盗用。就像手机需要密码一样，登录元宇宙并使用数字形象，也应该有一个比较安全的密码，这样可以防止自己的数字形象被他人盗用。

就像现实中一个人有机会成为明星一样，元宇宙中的数字形象也有成为明星的可能。电影《头号玩家》当中，主角因为第一个闯过了虚拟世界"绿洲"创造者设置的游戏关卡，被虚拟世界中的所有人认识，成为人尽皆知的大明星。

正因为数字形象和现实中的形象有很多相似的地方，所以我们应该像爱护现实中的形象一样，去爱护数字形象，不能因为是在虚拟的网络中，就去做违背道德和法律的事。当然，现实生活中压力大，在虚拟世界中放松一下是可以理解的，但要注意维护自己的数字形象，在别人心中维持一个好的形象很难，而毁掉一个好的形象，只需要一次冲动行为就够了。

元宇宙时代，人们在元宇宙中的时间可能会比在现实中的时间还要长。因此，我们应该好好维护自己的数字形象，让自己的数字形象给别人留下好印象，而不是任意妄为在虚拟世界中过度放纵自己。

第六章

元宇宙的产业化

当一个内容形成了产业,它就可以创造出成倍的价值。很多围绕优秀的内容形成的产业,都可以获得长久的健康发展。那么,元宇宙的产业化会是怎样的呢?

如何将元宇宙概念变成产业

2021年,元宇宙的概念一下子火爆起来,几乎人人都在谈元宇宙,人人都知道元宇宙。很多概念最初火起来的时候都是这样,虽然人人都在谈论,但真正懂得的人并不多。很多很火的概念,过了一段时间就过去了,没有人会再提及它,但有些想在这方面有所发展的人在别人还在观望和讨论时,就已经悄悄动身,行动起来了。当这个概念再次进入人们的视线,并且成熟起来时,那些先行者已经取得了很好的成绩,并把后来者甩在了身后。后来者想要超越先行者,已经变得非常困难。

要将元宇宙概念变成产业,不能人云亦云,更不能泛泛而谈,也不能胡子眉毛一把抓,应该先找到一个突破点,在这个突破点上发力。等取得了好的效果,稳住了之后,再向其他方面发展,逐渐形成庞大的产业。"天下难事，必作于易；天下大事，必作于细"。先从一个地方入手，不要在很多方面同时着手。这样一来，力量集中，就能够攻克难关，在更短的时间里做出更多的成绩来。

在元宇宙中应该从哪个方面入手，其实在于用户对哪个方面更感兴趣。只有从用户兴趣入手，才能以更快的速度吸引用户，并抓住用户的心，将用户发展成为自己的忠实用户，甚至变成企业的粉丝。

在互联网上，游戏和虚拟的场景一直都是受到用户喜爱的两个方面，特别是有了VR/AR技术之后，游戏和虚拟场景当中的沉浸式体验，带给用户一种很好的体验，让用户流连忘返。在元宇宙当中，游戏和虚拟场景也同样受到用户的喜爱。

有些人可能觉得玩游戏是玩物丧志，对于虚拟场景也持否定态度，觉得这些东西使人迷失。但凡事都有两面性，游戏和虚拟场景本身并没有什么不好，只要能够把握好度，不沉迷其中，它带给我们的就是积极的影响。就像在现实里工作太累了，去游乐场玩一下，或者去陌生的地方旅旅游、散散心一样。

其实没有必要对游戏有太大的抵触心理，更不需要对虚拟场景有所轻视，元宇宙本来就是一个虚拟的世界，虚拟场景是其精华所在，而接近真实的游戏也是元宇宙的魅力所在。无论最初是从哪一点发力的，只要能够做大做强，最后都可以形成一个覆盖面很广的产业，没有必要去计较最初的发力点是什么。

有的家长看到孩子沉迷游戏，于是告诉孩子，玩游戏要像做功课一样认真，如果这一关过不去，就要接受惩罚。当孩子发现玩游戏也很难，游戏也成了一项工作时，他就会逐渐对游戏失去兴趣。

当一款游戏由"随便玩玩"变成了必须要做的"功课"，孩子就不再想去玩它了。由此可见，游戏本身其实并没有什么，对游戏持不同的态度，就会产生不同的结果。沉迷游戏的人并不是因为游戏的魅力过大，而是自己对游戏的态度有误。

如果抱着玩玩的心态，对任何事都可能会产生浓厚的兴趣；如果抱着一种硬着头皮去下苦功的心态，对任何事情都可能不会感觉到有趣，连游戏也不会觉得好玩。

在开发元宇宙游戏时，应该注重用户的体验，在保证有一定难度的同时，又不要使难度过大。这样用户既可以在游戏中有一些挑战，又不会因为游戏的难度过高而失去兴趣。当然，应该好好设置防沉迷系统。当前我们国家对于游戏防沉迷要求比较严格，这种要求应该会持续下去。开发游戏的企业也要时刻注意，提醒那些对游戏过度喜爱的人，不要沉迷于游戏当中。

虚拟场景是游戏之外另一个既有趣又有实用价值的内容，很值得去开发，并最终做成一个产业。在现实当中，很多场景不是我们能够经常去的，那么就可以用虚拟场景来替代；或者在现实当中有危险的，可以用虚拟的场景来模拟；而一些奇幻的场景，比如外星场景，更是可以通过虚拟场景，来达到使用户在宇宙的任何一个场景中遨游的效果。

考过驾照的人可能会对考驾照时的困难记忆犹新，特别是对于一些连续考几次都没有过的人来说，考驾照就像是一场噩梦。其实，汽车驾驶是一个"熟练工种"，当我们学会了驾驶方法，记住了操作要领，我们可能只是脑子记住了，但是身体却没有记住，无法形成良好的操作习惯。如果能够多一点驾驶时间，练好驾驶技术就不会那么难了。可是，在驾校练车的时间普遍不会太长，特别是当一个教练带好几个学员时，更不会给每个学员太多的时间去实际驾驶。如果自己平时练习，没有教练在旁边，是无法练习的。这是大部分考驾照困难的人遇到的麻烦，如果能够在元宇宙当中模拟驾驶，练习开车技巧，相信这个问题就不再是问题了。

在一个驾车的虚拟场景当中，不但可以设计出考驾照的环境，还可以设计出一些有可能出现危险的环境，比如雨天、雪天等环境。当在虚拟场景中多次练习之后，一个学员很快就会变成熟练掌握驾驶技术，并能应付多种情况的"老司机"了。

游戏能够带给人们轻松快乐的时光，能够让人放松心情，保持身心健康；虚拟的场景能够让人见到现实中难以见到的风景，模拟现实中不容易做的事情。这两个方面都是非常好的切入点，能够让元宇宙概念变得有实际的商业价值，吸引用户，并最终将元宇宙概念变成产业。

开发元宇宙的过程不会是一帆风顺的，但只要方向选对了，成功是迟早的事。将元宇宙的概念变成产业，必须认准方向，将力量集中到一个点上，这样会更容易做出成绩来。

元宇宙时代的产业化发展格局

中国有句俗话叫"一招鲜，吃遍天"。在当今时代，如果有一项内容非常优秀，那么围绕这项"一招鲜"内容就可以形成一个庞大的产业，继而产生非常强的经济效应，创造出巨额的财富，并且能够源源不断地创造财富。一项内容可能只吸引特定的人群，而一个庞大的产业，则可以面向不同的消费人群，甚至可能会将儿童、少年、中年、老年人全都变成自己的用户。

日本的动漫产业非常出名，不少年轻人都看过日本的漫画或动画，有的年轻人甚至喜欢收藏动漫人物的手办（指未涂装树脂模件套件，是收藏模型的一种，也是日本动漫周边中的一种）。手办一般价格比较贵，对于普通人来讲算是比较贵重的物品了。有网友说，过年的时候亲戚家的小孩来家里玩，看到他的手办，想要带走，他怎么也不舍得送给小孩。有些人收集手办，就像小时候收集干脆面里的卡片一样，非常上瘾。

手办只是日本动漫产业当中的一小部分，还有报刊、电影、电视、音像制品、舞台剧、动漫形象相关的服装、玩具、电子游戏和基于现代信息传播技术手段的动漫新品种等。看动画片的人年龄偏小，但如果是动漫主题的游乐场，大人就会陪着小孩去玩。现在的年轻人大部分都是看着动画片长大的，对于动漫的喜爱并没有随着年龄的增长而消退。日本动漫产业包含了大量的内容，将男女老少都发展成为他们的顾客。

和日本动漫产业类似的,还有迪士尼。它不但涵盖了游乐场、动画,还有电影、生活用品等方面,也是一个巨大的产业。我们可以看出,任何一个优秀的内容,都应该努力去发展成一个产业,这对它的长久健康发展极为有利。中国的动画片在以前非常优秀,日本很多优秀的漫画家都是在中国学习之后才开始创作漫画的。然而,中国的动漫产业尚未成熟,最近几年国产动漫正在崛起,诞生了几部质量和票房都很高的动画电影,如《西游记之大圣归来》《哪吒之魔童降世》等。

既然产业化发展非常重要,那么元宇宙时代也应该进行产业化发展,以保证元宇宙能够长久健康地发展下去,并且使人们对元宇宙始终充满热情。

在不少行业都有"赢家通吃"的效应,当一家企业做大做强之后,其他同类的企业就很难再与之抗衡了。在互联网上,这种"赢家通吃"的效应变得更加显著。为了不被别的赢家吃掉,互联网的巨头们大部分都在选择全面发展,形成一个产业化发展的格局。

元宇宙的到来,给企业提供了全新的机遇。当元宇宙技术成熟之后,人们可能会将绝大部分的时间花费在元宇宙中,谁能够在元

第六章 元宇宙的产业化

宇宙中形成一个覆盖面广的产业，谁就可以吸引到更多的用户。"早起的鸟儿有虫吃"，众多互联网巨头纷纷开始向元宇宙布局，以求尽快在元宇宙中形成自己的产业链。建立起一个产业，需要有一项最显眼的内容来吸引用户，就像是支撑产业的那根柱子。动漫产业靠的是动漫，元宇宙的产业靠的是各个企业最擅长的领域。因此，巨头们都不约而同地在自己最为擅长的方面发力，等站稳脚跟之后才会开始全面发展。在元宇宙社交方面，有腾讯、GREE 等企业正在发力；在元宇宙电商平台方面，亚马逊、京东等正在积极行动；在元宇宙会议场景方面，则有微软等正在布局。

尽管各个巨头为抢占元宇宙中的发展先机忙得不可开交，为了形成产业化的格局绞尽脑汁，但究竟能不能奏效，还要看用户喜不喜欢、买不买账。一个企业所生产的产品到底好不好，不能只看产品的数据，还要看用户是否喜欢。如果产品数据很好，却无法得到用户的喜爱，也不能产生很好的经济效益。一个产业能够得到用户的认可，周边各项产品都受到用户的喜爱，是需要花费很大力气去研究用户喜好的。想要在元宇宙中发展得好，形成巨大的产业，同样也离不开用户的喜爱和支持。

腾讯之所以能够发展成今天这样的大企业，在各个领域都有投资，堪称"腾讯帝国"，主要归功于QQ这个一开始看起来毫不起眼，甚至差点被腾讯卖掉的即时通信软件。当腾讯把QQ做好了，赢得了用户的喜爱和认可，围绕QQ就开始形成庞大的产业，包括游戏、购物、影视、娱乐等很多方面。随着智能手机的普及，微信横空出世，更是给了腾讯两条腿走路的机会。现在QQ和微信成为腾讯的两大底牌，使它拥有非常强的用户黏性，也使整个腾讯的产业得以健康运转，并且一直拥有很大、很稳定的用户量。

元宇宙当中的产业化发展格局和现实中的产业化发展格局是相似的。企业需要先从一个点入手，做出质量好且被用户喜爱的产品或服务。当用户认可了这种产品或服务，对企业有了认知和感情，企业再继续向其他周边领域扩张，形成一个产业。这样就会像滚雪球一样，吸引到更多的用户，也给用户带来更好的体验，使用户黏性变得更强。

元宇宙虽然和现实极为相似，但毕竟是虚拟出来的场景，所以元宇宙中的产品或服务会有它自己的特点。企业不妨优先发展一些比较科幻的内容，带给用户更多的新鲜感，这样会让用户有更好的体验，并且印象深刻，容易产生兴趣。

在元宇宙当中，不管是建筑物，还是自然环境，都是通过数据虚拟出来的，可能需要很多程序员来编程，只有专业的人能做到。作为普通的用户，只能使用元宇宙当中的场地，或者购买元宇宙当中的建筑或场景，很难自己去创造。因此，去打造一些新鲜的场景，设计好看的房屋，或许会是一个非常不错的选择。实际上，由于元宇宙中的创造和设计都需要编程，普通人几乎什么都要购买，买房子和买场景是很正常的事情。

元宇宙当中的服务会很细致，元宇宙会产生很多商机，这几乎是肯定的。元宇宙就像是一块未曾被开垦过的处女地，需要设计师和建筑工人去开发和建设。正如最初的互联网是靠很多人共同经过了漫长的努力搭建起来一样，元宇宙也需要很多企业、很多编程人员"一砖一瓦"地将它搭建起来。

元宇宙的产业化发展格局，就是水滴汇聚成大海，细流凝聚成江河。先从一个点上发力，做好这个点上的事情，然后再由点到面，一步步形成一个庞大的产业。用点吸引住用户，再用面不断增强用户黏性，当用户对整个产业产生了情感甚至有些依赖时，用户就无法离开这个产业了。

能够让用户离不开，说明企业提供了优质且重要的产品或服务，这样的企业会有很好的前途。当然前提是一直保持住优质的产品或服务，不能因为有了成就、有了用户，就放松对产品或服务的要求。否则，即便是体量巨大的超级巨头，也有可能会在一夜之间被用户抛弃，最终倒下。要记住，元宇宙时代比互联网时代的竞争只会更加残酷，要时刻保持警惕，服务好用户，不能自恃强大就掉以轻心。

元宇宙的产业链分析

元宇宙和现实的世界高度相似，在元宇宙中的产业链和现实世界中的产业链也极为类似。在元宇宙中，产业链可以分成应用层、平台层、网络层、感知和显示层。

应用层就是给用户应用的，就像我们现在手机中的各种应用软件。它可以包含非常广的内容，只要是现实世界中存在的应用，在元宇宙的应用层都可能会有。除了游戏、虚拟场景、教育培训、社交、直播、金融等，还可能会有外卖等和现实当中相联系的功能，毕竟元宇宙是将虚拟世界和现实世界结合起来的产物。当然，我们在虚拟世界当中点了一份外卖，由现实世界的送餐机器人来给我们送饭就行了，而不是在虚拟世界中吃饭。

平台层可以细分成三个层次，分别是在元宇宙当中用来搭建基础设施和各种内容的平台、用来构建元宇宙的开发工具的平台、内容分发平台和底层操作系统平台。

各种算法和网络通信构成了网络层。网络层可以细分成四个层次，由底层到上层分别是提供基础通信的通信网络层、互联网和物联网以及云计算和云储存、区块链和人工智能、边缘计算。

感知和显示层主要是各种输入和输出设备，其中包括智能手机、电脑、AR/VR设备、体感设备、物联网传感器、摄像头、脑机接口、语言识别系统设备等。

在元宇宙发展的过程中，各个环节的技术和软件都需要开发、应用和改进、升级，各种设备同样也需要设计、改进和升级。所有的这些都是元宇宙的产业，都是企业需要为用户做的，也是市场发展的方向。

在所有产业链中，应用软件是生命周期最长的。在元宇宙建设的初期，硬件设备、平台的搭建、技术的发展是重点，到了元宇宙发展的后期，当平台已经搭建起来，硬件设备也已经能够满足用户的需求，技术也已经发展得差不多时，就会进入一个硬件设备、技术和平台都发展比较缓慢的时期。在这个时期里，唯一可以有大市场的就是应用软件。

元宇宙中的应用软件应该比互联网时代的应用软件更难开发。原因很简单，在互联网时代，我们对游戏画面的要求没有那么高，有些游戏画面虽然不是很清晰，依旧能够让人玩得津津有味。当然，画质更好、细节处理更好的游戏，会让用户感觉非常舒服，但差一点的也不会被用户太过嫌弃。元宇宙时代则不同，人们需要沉浸式的体验，需要进入到元宇宙的虚拟世界当中，如果画质不高，细节处理不够好，会让人很"出戏"，得不到身临其境的体验感，对游戏的好感度会极大下降。要将画面做得更清晰，将细节做得更到位，就需要程序员在开发应用软件时花费更大的功夫，做更多的工作。

在使用 AR/VR 设备时，有不少人可能有过这样的体验，就是眼镜不够清晰，看到的画面模糊，还有拖尾的现象，容易头晕，体验感很不好。而如果想要有更好的体验，就要花费更多的钱，购买更高清晰度的设备，并且帧率要高一点，这样就能够看得更清晰、更真实，体验感会好很多。在元宇宙中也是如此，用户要获得更好的体验，一个开发更细致、更到位的软件是很重要的。

在虚拟的场景中，用户要想获得真实感，就需要程序员们付出很多辛勤的汗水。一款游戏，如果想要画质、细节和游戏性全都好，开发的成本就会变得很高，这对企业来说也是一个不小的挑战。一方面是时间成本，另一方面就是资金。当然，凡事都有例外。那些画质没那么好，细节也没那么好的应用软件，因为操作性或游戏性，也可能会获得用户的喜爱。

有一个名为《我的世界》的游戏，游戏中的画面很特别，它是用一个个方块单位来搭建场景。在这个游戏里，玩家可以随意搭建房屋和城堡，做很多事情，自由度非常高。正因如此，它受到了玩家的喜爱。有不少玩家在这款游戏当中变身"基建达人"，不仅能盖出宏伟的宫殿，还能搭建出"万里长城"。

很难想象，在画质越来越清晰的当今游戏界，这样一款像素风的游戏，也能受到用户的喜爱。这就像是你玩惯了那些身临其境的逼真游戏，忽然让你玩一会儿制作风格大相径庭的小游戏，你却玩得津津有味。

无独有偶，前段时间有一款简单的小游戏也很火。这款游戏是由汉字组成的，游戏的操作方式类似于以前的"推箱子"小游戏。玩家进入到一个关卡之后，需要完成特定的内容，才能解锁下一个关卡。比如，玩家操纵"唐僧"想办法救出压在"五指山"下的"猴子"，然后就能通过这一关。"唐僧"要推动一些汉字，组合成特定的词，最终使五指山消失。这款小游戏的制作虽然看起来粗糙了些，却胜在有趣，能够让玩家开动脑筋，所以受到不少人的喜爱。

尽管用户对于画质和沉浸感的追求是很高的，但并不表示所有的游戏必须要达到这样的标准。很多事情都不是绝对的，都有例外。当企业开发一款软件时，应该多考虑自己的优势，只要能够将优势发挥出来，即便存在一些瑕疵，也不一定会影响它的成功。

元宇宙是一个新兴的概念，它需要人们去不断开发。当今，在元宇宙产业链的各个环节都有商机，都是可以去进行设计和开发的。无论在哪个方面做得好，都有可能成为这方面的领军者。新生的事物意味着无限的机遇，那些大企业的崛起，往往都是因为对新生事物的一次正确投资。

元宇宙发展大致可以分为五个阶段，分别是起始阶段、探索阶段、基础设施大发展阶段、内容大爆炸阶段、虚实共生阶段。我们目前正处在起始阶段，一切的发展都才开始，但同时也是巨大的机遇。机遇往往和困难共存，同时伴有风险。但是，任何投资都会有风险。元宇宙目前的这个阶段，产业链的任何一个环节都是可以投资的，有这么多的选择，总有一个适合你。

根据自己的强项，选择一个相对比较擅长的环节，进行元宇宙相关产品的开发，就有可能会成为这个领域数一数二的企业。当技术大爆炸的时候，一切皆有可能，弱小的企业可以一下子变强，强大的企业也有可能一下子变弱。不要担心你的企业现在还弱小，也不要因为你的企业现在强大就缺乏冒险的精神。抓住元宇宙这个百年不遇的好时机，去投资，去开发，也许你的企业就会成为下一个世界级的大企业。

在互联网时代，一切皆有可能，我们眼看着苹果公司迅速成为世界级的大公司，眼看着外卖行业飞速发展，眼看着各类短视频平台飞速崛起，也眼看着诺基亚等一些超级大企业轰然倒塌。元宇宙时代，市场变化更快，昨天还是小公司，今天就有可能会变成大企业，昨天还是世界级的大企业，今天也有可能失去辉煌。

未来属于敢打敢拼的领导者，属于积极进取的企业。在元宇宙的产业链上积极开发,在推进元宇宙时代到来的同时,也成为元宇宙时代的强者,何乐而不为呢。

运营商是不容忽视的产业化力量

产品能否被用户接受和认可,除产品本身的质量外,运营商是非常重要的一个因素,它是不容忽视的产业化力量。当一个运营商在用户的心中有一个定位时,只要想到这个运营商,用户就会想到相关的产品,这使产业化变得更加方便,也更容易被用户牢记。

在中国的游戏界,腾讯公司的大名已经无人不知,当前绝大多数端游和手游都是腾讯旗下的。不过在最初的时候,腾讯在游戏界还和很多游戏公司的名气差不多,并没有特别突出,直到腾讯运营了两款由韩国公司开发的游戏,分别是《穿越火线》和《地下城与勇士》。这两款游戏迅速风靡全网,使腾讯游戏成功晋级到网络游戏界数一数二的位置。接下来,腾讯又运营了《英雄联盟》和《绝地求生》两款游戏，都非常火爆，这使腾讯游戏在端游市场中占据了一席之地。

除了端游，腾讯在手游方面也是一路高歌猛进，有《王者荣耀》和《和平精英》两个王牌在手，再加上其他各类手游，腾讯在手游界的地位一举提升。

不得不说，腾讯运营游戏的能力非常强，这得益于QQ在很早以前就被年轻人所使用和熟悉。腾讯的游戏直接用QQ号就可以登录，而其他公司的游戏还需要先注册账号，这使腾讯游戏有一种天然的优势。随着腾讯旗下的各种游戏越来越多，更是形成了一种游戏产业化的局面，只要提到游戏，人们就自然而然想到腾讯。

《穿越火线》这款游戏本来是韩国的游戏公司推出的，然而在韩国的运营状况却并不太好。而在中国，在腾讯公司的运营下，这款游戏一直火爆了五六年时间，热度才逐渐褪去。直到今天，《穿越火线》依旧有不少人在玩。要知道，一款网游的生命周期一般就是3～5年，有些特别短的甚至只有三五个月。腾讯能够将《穿越火线》这款游戏运营到火爆五六年，堪称一个运营奇迹。在它最火爆的时间段里，游戏当中同时在线人数高达五六百万。

一款游戏选对了运营商，它就可能会变得非常火爆，深受玩家的喜爱。同样的道理，在元宇宙当中，一款产品如果选对了运营商，也会使它更受用户的喜爱，加速这款产品的产业化的发展。

当今有很多互联网巨头公司，当一个产品想要选择运营商时，不妨考虑一下这些巨头公司，毕竟背靠大树好乘凉。当然，这些巨头公司也存在竞争，比如，在短视频领域争抢市场，在支付领域暗暗较劲。巨头之间的较量往往会殃及池鱼，最后巨头没有倒下，相关领域中的小公司却倒下了。原因在于巨头之间的较量可能是资本和补贴的较量，小公司没有那么多的资金，也没有那么大的体量，在这种较量中成为牺牲品，最终黯然离场。

如果你是一个小公司的负责人，开发出一款产品，自己担心不能成功，想要和巨头公司合作。那么，巨头公司很有可能会直接收购你的产品，甚至收购你的公司。不过，如果你能够坚持做自己的产品，拒绝被收购，说不定你可以在众多巨头公司的夹缝中存活下来，并最终一步一步做大做强，成长为能够和巨头公司分庭抗礼的大公司。

但不管怎么说，小公司总是处在动辄死亡的边缘，需要在市场中挣扎求存。如果你无法找到像巨头公司那样的运营商，你可能很难获得大量的流量，但这并不意味着你就会无路可走，你可以选择自己运营。

在互联网时代，看似有很多机遇，但这些机遇并不好抓住。竞争者成千上万，前行的路崎岖坎坷，刚创业的人因为体量太小很难存活，找巨头当靠山又会被收购。创业是很难的，需要有很强的忍耐力，也需要有在夹缝中求生的决心。

要明白，抛开体量谈合作是不太现实的，至少在现在还不太现实。一个巨头公司没有必要去和一个小公司谈合作，如果这个小公司很优秀，那巨头公司更愿意出钱把它买下来，如果这家小公司并不优秀，那巨头公司转身就走，不会多看一眼。市场就是这么残酷，这是创业者应该明白的事实。

对于一个大公司来说，要想出国寻求发展，尽量寻找那些和自己产品内容相关的运营商。就像国外的游戏公司来我国，在小公司和腾讯之间会选择腾讯，就是因为腾讯公司在中国网络游戏中的地位，它拥有超级多的流量，游戏运营得更好。

当然，在元宇宙当中，国界的限制会变得不明显，小公司可以尝试去找国外的大公司合作，或去找国外的大公司来运营。不过需要注意的是，国外的公司也可能会想要收购你的公司，自己还是要多留心才好。

其实，无论在国内还是国外，当你的公司体量小时，就始终处于一种危机四伏的状态。能够找到一个巨头公司来运营产品，自然是好事，而不能找到巨头公司合作，自己运营又可能力不从心。

在元宇宙时代，情况或许会好一些。在区块链技术和大数据、云计算的帮助下，元宇宙相对互联网可能会更公平一些，大鱼吃小鱼的情况也可能会变得少一些。不过，有的小公司可能愿意被巨头公司收购，成为巨头公司麾下的一员，毕竟背靠大树好乘凉。

不管怎么说，运营商都是不容忽视的产业化力量。抛开其他不谈，单就一个产品来说，以腾讯为例，一般经过腾讯运营的游戏，大部分都火了。腾讯已经搭建出了一个"游戏帝国"，无论你想玩的是哪一款类型的游戏，都可以在这个"游戏帝国"当中找到。然后你用QQ号或者微信号很轻松地就可以登录游戏，然后和自己QQ或微信通讯录里的好友一起玩游戏，真是相当方便。如果你玩的是其他运营商的游戏，想要和自己的好友一起玩，你还需要询问好友的信息，加对方为好友，过程就烦琐了很多。可能有的人会觉得这没多么烦琐，但对于一些不喜欢麻烦的人来说，这些或许足以让他们放弃这款游戏。

移动互联网时代拼的是流量，一个好的运营商，能够利用自己的平台给产品带来很多流量,让产品迅速火起来。在元宇宙时代,流量依旧很重要,因为它不过是移动互联网的升级版本,也需要流量来使产品有热度。

当信息高度发达时,各种信息纷至沓来,如果没有筛选,相当于无效信息。信息越多,我们越无从选择,最后往往只能去看一些头部的信息,而巨头公司正是能够掌握流量、发布头部信息的一种存在。

元宇宙时代会比移动互联网时代有更公平、更和谐的网络环境,但是能否让小公司摆脱巨头公司带来的压力,还是未知数。我们希望那些能够做出好产品的公司可以找到一个好的运营商,并顽强地存活下来,然后围绕产品做成产业化大品牌。

第七章
抢占元宇宙这个新大陆

元宇宙的概念正火爆，这块大陆还是未经开采的一片新大陆。先登上这块大陆的人会去探索它并且抢占它，这会使他们在今后占有很大的优势，所以你也不能落后。

我们是元宇宙的探索者

宇宙是非常大的,人类的想象力和求知欲也可以很大,甚至比宇宙还大。有人说,动物很少会抬头仰望星空,而人类自远古时代,就知道望向那浩渺的星海。当我们的祖先抬头仰望星空时,他们心中或许就已经装下了整个宇宙。

古人会设置专门观天象的官员,通过观天象来得到启示。他们的结论是如何得出的,我们无法得知,但有一点可以肯定,地球是宇宙当中的一员,地球和其他星球会产生相互影响,星象和地球会有联系,正如月亮控制着地球上的潮汐一样。

宇宙到底是怎样的,地球又到底是怎样的,我们并不清楚。现代的科学还不足以支撑如此深入的探索,我们仍有很多未知问题尚未探索。正如苏格拉底说的那样:"我唯一知道的,就是我什么都不知道。"而人类则一直在探索这些未知。以前我们是宇宙的探索者，现在我们又多了一个身份，元宇宙的探索者。

在探索宇宙的道路上，人类一直是靠实践，摸着石头过河，来发现一些科学道理。在探索元宇宙的道路上，我们也要这样，不但要摸着石头过河，还要大胆去猜想、大胆去假设。

在元宇宙发展之初，它就像是一个没有被开垦过的土地，需要我们去积极探索，发挥我们的想象力，去创造元宇宙的图景。有人可能会觉得，元宇宙中的虚拟世界那么好，我们会沉迷其中无法自拔，就像有些人沉迷于网络游戏当中一样。其实，任何技术都是双刃剑，有好的一方面也有不好的一方面，正如武器可以用来保家卫国，也可以用来发动侵略战争。元宇宙本身是不带属性的，我们好好利用它，它就能够给我们的生活带来帮助，我们不好好利用它，它就会给我们的生活带来危害。不过话说回来，意志力差的人又何止会沉迷于元宇宙，他有可能沉迷于任何事物，我们不能因为一些人意志薄弱就去否定技术。意志薄弱的人任何时候都有，曾经有人为此否定过电视机、否定过电脑，但事实证明电视和电脑并不能真正影响我们的生活，现在很多年轻人甚至连电视机都不打开了。如果还用这样的理由来否定元宇宙，其实也没什么意义。

在现实世界当中，每个人都有自己的身份，有的是员工，有的是老板，有的是老师，有的是学生……除了身份，不同的种族、不同的宗教信仰、不同的经济收入，让人与人之间的距离变得很远。人们都学会戴着面具生活，不轻易向他人展示真实的自我。这虽然让我们显得更成熟和体面一些，却也使我们很累，无法展现真实的自我。

在元宇宙中，我们拥有虚拟的数字形象，可以隐藏自己在现实当中的身份，做一个没有身份标签的人，尽情展示真实的自我，解放自己的真性情。现代人的压力普遍比较大，除了工作压力，还有一个很重要的原因就是无法释放真实的自我。元宇宙给了人们放飞自我的空间，或许可以使很多人的生活不再那么压抑。

元宇宙利用区块链技术实现去中心化的状态，这使元宇宙变得更加安全。如果元宇宙的数据只储存在一个电脑主机当中，一旦这台电脑主机出了问题，元宇宙就毁掉了，所有建设元宇宙的先驱所付出的努力都将付之东流。去中心化的储存方式，让元宇宙的数据更加安全，而区块链技术让整个元宇宙更加干净透明。

在这样的前提之下，元宇宙的探索者们可以放心去开发元宇宙，去规划元宇宙的蓝图，去创建一个奇幻而又接近现实的世界。元宇宙最初的探索者们面对的是一片荒原，元宇宙很大，却缺乏生机。它的生机需要探索者们给予，它的繁荣需要探索者们用双手去创造。

就像互联网刚出现时，网站需要建设一样，元宇宙也需要人们不断去建设，去开发。最初的元宇宙可能更像一个荒漠，经过人们不断开垦，荒漠变成了世外桃源。探索者们充分发挥自己的想象力，建设出城市，建设出自然万物，也建设出光怪陆离的奇幻世界，开发出各种游戏，创造出各种虚拟场景。

第一批元宇宙的探索者用双手创造了元宇宙当中的一切。不过，他们的创作可能会存在漏洞，这些漏洞使得元宇宙当中的场景并不完美。比如，动物可以穿墙而过，山石草木可能并不栩栩如生，很多模拟现实的场景在细节处可能缺乏真实感。但无论如何，这些探索者都是功臣。

漏洞并不能阻挡人们对元宇宙的热情，越来越多的人加入元宇宙的探索和创造当中。他们继续未完成的开发和创造，设计出更多的场景，以弥补之前的漏洞，让元宇宙变得越来越逼真，细节处理得越来越好。

元宇宙的探索者也是元宇宙的开拓者和创造者，人们源源不断加入探索者的大军当中，充分发挥自己的想象力和创造力，将元宇宙的功能充分开发，将元宇宙的环境变得异常丰富。在元宇宙中，只有你想不到的，没有你见不到的。无数人用自己的想象力，将元宇宙变得个性化十足，又细致入微，让元宇宙更生动和有趣。

在现实世界当中，人与人之间存在职位高低，可在元宇宙当中，大家都是平等的。虚拟的数字形象可能不分男女老幼，小孩可以是成年人的形象，老人可以是年轻的形象，女人或许使用了一个男性形象，这些都是被允许的。除了身边亲近的人，所有的陌生人都是未知的，正如我们在和网友聊天时不知道对方的真实身份一样，既然不知道身份，就自然是平等的。在这种平等的状态下，大家共同协作，创造出一个美好的元宇宙世界。

元宇宙当中是否需要领导者，是否需要国家，是现实中的各个国家政府去元宇宙中创建虚拟的国家，还是所有元宇宙的人共同创建一个虚拟的国家？也许，元宇宙中不需要国家，只要有一个人人皆知的秩序就足够了。如果有人违背了秩序，不需要警察来制裁他，区块链会将他所有的行为记录在他的征信系统上，让全世界的人都知道他的错误。如果要一辈子背负这样的征信记录，相信绝大多数人都会自觉遵守元宇宙中的秩序。

元宇宙的探索者会将元宇宙建设得初具规模，制定出元宇宙当中的秩序和规则。接下来，就要靠大家共同努力，去让元宇宙变得更加美好。

敢于行动才能抓住机遇

机会往往留给有准备的人，如果我们没有准备好，即便机遇出现了，我们也很难抓住它，而当我们准备好了，机遇也出现了，我们就应该敢于行动，这样才能抓住机遇。有时候，在没有准备的情况下，也应该大胆去把握机遇，放手一搏，抢占先机。

当元宇宙出现时，大部分人都没有太多的准备，因为我们不知道元宇宙会出现，它是随着科技的发展，突然由不可能实现变为可能实现的，让人们感觉措手不及。当元宇宙的概念在网络上大火时，相信还有很多人没弄清楚元宇宙到底是什么。

当一个全新的模式出现时，往往总是第一批去做的人能够享受到那一波红利。比如，一开始做互联网的那批人，现在大部分都成了巨头；一开始做视频上传到网上的那批人，大部分都火了起来；一开始做直播的那些人，大部分都赚得盆满钵满。当然，并不是只要一开始参与进来，就一定能够获得高额回报的，毕竟这一路上还要经历很多艰辛，要有坚持下去的勇气，才能最终获得回报，取得成功。

在很多行业当中，黄金时期就那么一段时间，错过了就找不回来了。一开始选择去做的人，要有很大的勇气，他们敢于行动。不过，在没有路的地方开路是很难的，他们趟开充满荆棘的道路，最终冲向成功。所以我们也不必对他们的成功眼红，他们的成功是经过艰难困苦得来的，是有含金量的，并不是靠投机取巧轻易得到的。

新鲜事物诞生时，就是创作者的机遇，抓住机遇，就可能获得巨大的成功。无论是制作动图、制作长视频、制作短视频，还是直播游戏、直播带货，这些都是一个又一个的新鲜事物，一个又一个的机遇。抓住这些机遇的第一批人，大部分取得了成绩。现在元宇宙诞生了，这是一个更好的创作者机遇。

以往，创作者们最为头疼的事情，就是自己创作的作品被他人盗用，并且盗用的人还抵赖说那是他们的原创。有盗用长视频的，也有盗用短视频的，还有盗用图片或文字素材的，什么样的盗用情况都有。一般情况下，原作者是拿这些盗用者没办法的，如果诉诸法律又有些小题大做，一般就是向平台举报一下，最后往往不了了之。

盗用别人的作品，虽然不一定能产生多么大的经济效益，但是对原作者的伤害却是巨大的，这将对原作者的创作热情造成极大的打击，使原作者满腹委屈、无心创作。原本是敢于行动去抓住机遇的，结果被各种盗用内容的人搞得心情很糟糕，最终可能就不会再继续坚持创作了。

元宇宙有区块链技术的加持，让所有盗用别人作品的行为都无所遁形，对创作者的作品提供了很好的保障。如果有人盗用原创者的内容，会被区块链记录，让每个人都知道。这样一来，就保护了原创者的权益，让盗用作品的人无处遁形。

原创者不用担心自己的作品被盗用，创作的激情就上来了，遇到创作路上的困难时，也更愿意咬紧牙关坚持下去，因为他们知道自己的坚持是值得的。这样一来，整个元宇宙世界当中的创作热情就会很高，呈现出一片生机勃勃的景象。

在现实世界中，创作分为很多种，包括创作图文内容、长视频内容、短视频内容等。在元宇宙当中，创作的种类会更多。除了现实世界中的这些创作，应该还会有软件创作，即在元宇宙中开发各种游戏、场景等内容，以方便人们使用。

元宇宙用区块链技术解决了创作者们最担心的问题，让确权和防盗版的成本变得非常低，创作者经济时代就要到来了。

在创作者经济时代，每一个有想象力、有能力的人都会加入创作者大军。其实，很多时候人们都愿意去抓住机遇，即便只是放手一搏，他们也愿意去做。没有了作品被盗的后顾之忧，他们会变得更加勇敢。

我们永远不需要怀疑创作者们的热情，他们对创作的热情就像农民看着田地里一点点长高的庄稼，殷切而火热。

统计数据显示，到2020年底，元宇宙沙盒游戏公司Roblox平台共吸引了800万创作者，这些创作者来自170多个国家，一共创作了2000万个游戏。在这800万人当中，有100万人能够获得收入，其中年收入超过1万美元的有1000人。

从以上例子我们就能看出，创作者的创作热情是极高的，只要他们的创作能够产生价值，哪怕价值并不高，他们也愿意去创作，无怨无悔。

现实生活中敢于用行动去抓住机遇的人其实并不少，但大部分人都害怕受到不公平的待遇，害怕自己的劳动成果被他人抢走。元宇宙让整个创作环境变得更加公平，创作者们的热情就这样被瞬间激发出来，像火山喷发一样不可阻挡。

在元宇宙中，有区块链进行记录，人们不仅可以放心地进行创作，同时也可以放心地和他人合作。在合作过程中，所有的合作记录都会被记录在区块链系统当中，一旦将来因为劳动内容和劳动价值产生纠纷，就可以根据区块链当中的记录来判断。

元宇宙中公平的环境，让每一个创作者都分外舒心。他们不需要去在意自己干了多少工作，不需要去担心自己的努力不被认可。一切都有区块链的记录，一切都非常公平。在这样的心态下，几乎所有的人都会变成敢于行动的人，敢于去抓住机遇的人。就算失败了又何妨，所有的努力都不会白费，所有的付出都会被记住，这就足够了。

合则力强，分则力弱。当人们在合作时，如果不能坦诚相见，心中怀着疑虑，是很难合作的，可能两个人加在一起还不如一个人工作效率高。元宇宙的公平环境，充分为创作者提供了一种"什么都不用想，只专注做事就行"的创作环境。他们可以两耳不闻窗外事，一心想着手中的工作。他们的工作积极性会很高，想象力和创造力也会发挥得更好。这样的工作效率很高，能够产生一加一大于二的合作效果，事半功倍。

创作者会因此爱上与他人合作，也爱上创作。他们会在元宇宙中孜孜不倦地创作，即便没有太多奖励，他们也愿意创作下去，因为他们的工作内容，他们的创作记录，将会像刻在树上的年轮、写在丹青上的史书一样，一直记录在区块链上。他们的工作是不会被遗忘的，他们的工作是有意义的。当然，他们也不会没有薪水可领，只要他们的创作是有价值的，就可以拿到相应的报酬，因为元宇宙是非常公平的，不会让人白白付出。

在元宇宙中敢于行动，敢于去伸手抓住机遇，人们在抓住机遇的同时，会了解元宇宙的美好，会爱上这个公平的环境，也会爱上创作和努力奋斗。

科技巨头正在积极布局元宇宙

微软可以说是一个老牌的科技巨头了，即便到了今天，有众多的巨头公司在崛起，微软依旧算得上是"财大气粗"的公司之一。微软不仅有巨大的体量，而且具有高瞻远瞩的目光。实际上微软早在2017年就已经提出了"企业元宇宙"的概念。当时微软给出的"企业元宇宙"的定义是"随着数字和物理世界的融合而产生的基础设施堆栈集合体"。

萨提亚·纳德拉表示，随着真实物理世界和虚拟数字化世界不断融合，企业元宇宙将成为每一个企业必备的基础设施。微软未来将通过微软全息眼镜（Hololens）、无线网格网络（Mesh）、Azure云、Azure Digital Twins等工具和平台来帮助企业客户实现数字世界与现实世界的结合。

当元宇宙的概念在世界范围内火起来时，微软知道它应该加快在元宇宙方面的布局了，否则就可能错失先机。因此，微软加大了在元宇宙方面的投入，以求在元宇宙方面尽快取得成绩，为此它可以说是下了"血本"。

说起元宇宙，离不开游戏，原因在于游戏能够给我们提供非常清晰和逼真的视觉感受，而这正是元宇宙所需要的。有些好游戏本身就和现实世界极为相似，细节方面也做得非常好，这也正是很多人愿意去玩游戏的原因。当然，这里的好游戏不是指普通的网络游戏，而是比较经典的3A级游戏大作。

游戏和元宇宙有千丝万缕的联系，所以微软这次下"血本"就下在了游戏上。2022年1月18日，微软宣布将以每股95美元的价格收购全球知名游戏厂商动视暴雪，交易价值高达687亿美元。此次收购是微软历史上最大规模的收购，预计将会在2023年全部完成。在收购完成之后，微软将成为继腾讯、索尼之后的全球第三大游戏公司。

说起动视暴雪，几乎大多数年轻人都知道，这是一个非常著名的游戏公司，它旗下的《魔兽争霸》系列、《星际争霸》系列和《风暴英雄》都是多项著名电子竞技比赛的主要比赛项目，在电子竞技中拥有很高的地位。此外，它的《暗黑破坏神》系列、《魔兽世界》《炉石传说》和《守望先锋》也都是好评极高的游戏品牌，绝大多数玩电脑游戏的人都知道。微软这次收购动视暴雪，可以说是刷新了游戏行业的收购纪录，其他公司不得不佩服微软的魄力。

值得一提的是，这次微软收购动视暴雪用的是现金，而不是股票和现金的混合收购方式，这表现出微软收购的决心之大。微软之所以要下这么大的力气去收购动视暴雪，最为重要的一个原因当然是它非常看重元宇宙，知道这是让微软变得更加强大的一个绝佳时机。谁能够拿到元宇宙的第一张入场券，谁就可以具有非常大的优势，在将来成为当之无愧的世界顶尖的大公司。

暴雪公司可以说是承载了很多年轻人的回忆，很少有游戏公司能够像暴雪公司这样，每推出一部游戏作品，就是经典传世的佳作。网上经常看到有人说"暴雪出品，必属精品"，这是游戏玩家对暴雪公司的最高认可和肯定。拿下暴雪，对微软今后的发展具有极为重要的意义。

对于此次收购，萨提亚·纳德拉表示，游戏是当今世界所有平台上最具活力和最令人兴奋的娱乐类别，将在元宇宙的发展中发挥关键作用。微软正在对世界级的内容、社区和云进行大量投资，以开创一个游戏的新时代，把玩家和创作者放在首位，使游戏变得安全、包容和所有人都能接触到。并且将为元宇宙发展做出自己的贡献。

其实，游戏一直是微软非常重视的领域。从2001年微软发布它的第一款游戏机Xbox开始，它就一直在游戏主机和游戏制作领域不断投入，而且几乎是不计成本地投入。

在布局元宇宙方面，微软有两个方向，其中一个是游戏，另一个是Office和会议软件。此外，微软也在关注游戏社区，认为游戏社区和元宇宙非常相似，是元宇宙的发展雏形，他们可以利用游戏社区来创造出虚拟世界。微软认为，元宇宙不是一个集中的元宇宙，而是多元的，是由多个平台组合成的宇宙，它需要有一个具有强大的内容、商业和应用的整体生态系统。

微软收购动视暴雪还有一个重要原因，就是弥补自己在手游方面的不足。我们知道，腾讯的手游收入几乎占腾讯公司收入的半壁江山，这样说或许夸张了一些，但手游绝对算得上是腾讯公司的一棵摇钱树。手游在移动互联网时代所表现出来的巨大经济价值，让每一个游戏公司都不会轻易放过。微软在手游方面几乎没有收入，所以它要通过收购动视暴雪来改变这一状况。

动视暴雪旗下的 King 部门在手游方面有非常出色的成绩，可以说是全球手游界的佼佼者，它的手游 *Candy Crush* 一直有非常好的成绩，在全球手游下载和收入榜上长期位居前十的位置。在动视暴雪内部，King 部门的收入也在所有部门中保持领先。这次微软收购动视暴雪之后，它的手游空白得到了填补，对今后的发展是非常有利的。因为我们无法预知将来究竟是端游更接近元宇宙还是手游更接近元宇宙，在这两方面都做好准备，比只准备一方面要好得多。

除了收购动视暴雪这个"惊天动地"的大动作，微软还通过游戏平台 Xbox 大力开发完全沉浸的元宇宙游戏系列。早在 2018 年，微软的 CEO 就曾说，微软对游戏平台和 Xbox 系列主机拥抱元宇宙有着非常强烈的信心，作为全球三大游戏机制造商之一，微软对于元宇宙在游戏中的应用必然已经有了详尽的计划。

微软向来对企业服务比较重视，在发展元宇宙方面也是如此，可以给不同的客户提供连接的工具，以此促进更多产品登陆。此外，微软将会推出新的 3D 虚拟化身，这会让用户的体验感变得更好。

微软在元宇宙方面的布局可以说是非常果断，大刀阔斧地朝元宇宙的道路上迈进，未来，微软或许会迎来一个新的黄金时期，创造更大的辉煌。

元宇宙的职业机遇和创业机遇

元宇宙是一个虚拟世界,它像宇宙一样大,里面包含了太多的内容,当然也拥有非常多的职业机遇和创业机遇。

最为明显的职业机遇,就是我们前面所说的,做元宇宙中的创作者,去编写程序,创造元宇宙中的软件、打造各种场景。不过,并不是所有人都会编程,优秀的程序员毕竟只是少数人,而且编程的工作要求比较高,特别是在元宇宙这种对细节和精细度要求极高的虚拟世界中,编程工作的技术性就更强了。一般人可能无法做这种工作,不过没有关系,元宇宙中有大把的机遇,想创业的人不会感到失望。

当现实世界的各个行业转移到元宇宙的虚拟世界当中时,会产生很大的改变,这是显而易见的,因为元宇宙毕竟是虚拟的数字世界，和现实世界只是看起来相似，却有本质不同。元宇宙当中的所有事物都是数字化的。

和最初探索元宇宙的开拓者们不同，之后进入元宇宙的人可能不需具备编程等技术实力，只需操作一些软件，就可以对元宇宙当中的事物进行修改。正如给计算机装上操作系统之前，只有特别专业的人才能使用和操作，而给计算机装上操作系统之后，操作就变得简单了。

过了元宇宙探索的最初阶段，后进入元宇宙的人可以通过一些操作软件更方便地进行操作，继而做各种各样的工作。

理发在现实生活中是一个很正常的工作，而在元宇宙当中，理发可能会变成微整形的一种职业。当人们对自己在元宇宙中的数字形象感觉不满意时，由于自己的操作技术有限，无法将外貌调整到自己喜欢的状态，因此就需要到微整形馆来进行整形。微整形馆像理发馆一样，不过可能包含很多内容，比如修改用户数字形象头发的样式和颜色，对用户数字形象的脸进行微调，对用户数字形象的身材进行微调，对用户数字形象的穿着进行打扮等。

现实当中的理发是精细活，元宇宙中的微整形同样也是精细活。能够将用户的数字形象修改到令其满意的状态，就是把工作做好了。

元宇宙中的工作多种多样，可能会出现很多我们以前没有想到过的工作，比如一个真正并肩作战的游戏陪玩。现在有不少年轻人提供游戏陪玩服务，就是用户花费一定的钱，购买游戏陪玩者的几个小时时间，在这段时间里，游戏陪玩者负责和用户一起打网络游戏，并尽可能带领用户走向游戏胜利。

目前的游戏陪玩者就像一个网友，和用户一起打一会儿游戏，仅此而已。在元宇宙中，游戏变得非常逼真，人们可以充当游戏当中的人物，在游戏中完成任务、打怪升级。这时的游戏陪玩者不再是隔着网络和用户一起打游戏，而是来到用户身边，和用户一起共同作战。这种感觉就像是在和自己的兄弟并肩作战一样，彼此之间的感情可能会变得更好。习惯了这种感觉后，用户今后可能会一直找这个陪玩者和自己一起游戏，这不仅是游戏陪玩，更产生了朋友一样的情感。

除了游戏陪玩，还可能会出现各种各样的游戏战队，这些战队一起执行任务，在游戏中打怪、升级、获取难得的装备。电影《头号玩家》中那种通过打怪获取的装备，然后将装备出售卖钱的"赏金猎人"，可能也会在元宇宙当中出现。只要能够赚钱，什么职业都可能会有。

例如，私人定制的游戏工作室可能会出现，这是职业机遇也是创业机遇。想一想，尽管元宇宙中可能存在很多游戏，但不一定能够满足所有人的需求。当有人的需求得不到满足时，他可能希望有一款自己喜欢的游戏。那么，他就可以找到私人定制游戏工作室，把自己对游戏的要求说出来，然后接受私人定制，最终玩到自己喜欢玩的游戏。

元宇宙中可能会有各式各样的社群，在这些社群当中，一些志同道合的人聚集到一起，共同讨论和做一些事情，就像我们现在的微信群一样。营销活动如果能够进入这些社群当中，效果就会事半功倍。可以通过加入不同的社群，做一个社群营销员。

元宇宙中的创业机会非常多。可以做一个游戏公司，打造优秀的元宇宙游戏。如果不想做游戏公司，也可以制作各种各样的场景，这些场景可以是地球存在的，也可以是太空中的星球，还可以是仙境，只要场景做得逼真，就会有人愿意来参观游玩，那么它的价值也就有了。

在元宇宙中开商店也是不错的选择。人们如果想要买衣服，不需要到实体店去，直接在元宇宙当中试穿衣服，挑选好付了款之后，由商家快递送到用户手中就行了。或许有人会觉得，既然是在元宇宙中试衣服，厂家直销不好吗？厂家可能没有那么多时间去销售，或者那时的销售工作本身就是直接和厂家联系的。

元宇宙中可以打造和现实世界极为相似的各种场景，以方便人们进行学习和实验。虽然元宇宙和现实世界极为相似，但毕竟不是现实世界。如果想在元宇宙当中学习一些内容，就需要所在的场景和现实世界高度相似，连细节也要非常到位。比如，在元宇宙当中学习车辆或飞行器等的驾驶，在元宇宙中做一些科学实验等。如果能够打造出非常逼真的模拟现实场景，这个场景就非常有价值了，可以把它租出去，供人使用，继而收取租金。

元宇宙中有太多的职业机遇和创业机遇，当我们真正进入元宇宙时代，要保持灵活的头脑，看到商机，就大胆尝试去做。元宇宙是一块未经开采的处女地，我们的想象越丰富，在元宇宙中做的工作越多，元宇宙的发展就会越多元化，它的潜在价值也就会被越多地挖掘出来。

参考文献

[1] 赵国栋，易欢欢，徐远重. 元宇宙 [M]. 北京：中译出版社，2021.

[2] 邢杰，赵国栋，徐远重，等. 元宇宙通证 [M]. 北京：中译出版社，2021.

[3] 郭大治，刘勇，张志伟. 元宇宙 21 讲：重构互联网新形态 [M]. 长沙：湖南人民出版社，2022.

[4] 马修·鲍尔. 元宇宙改变一切 [M]. 岑蓝格，赵奥博，王小桐，译. 杭州：浙江教育浙江教育出版社，2022.

[5] 叶毓睿，李安民，李晖，等. 元宇宙十大技术 [M]. 北京：中译出版社，2022.

[6] 朱嘉明. 元宇宙与数字经济 [M]. 北京：中译出版社，2022.